I edizione: ottobre 2012

Via Isonzo 42, Roma

Titolo originale: *Die Kunst der Balance. 100 Facetten der Lebenskunst*
Traduzione dal tedesco di Federico Ferraguto

ISBN: 978-88-6411-174-2

www.fazieditore.it

Wilhelm Schmid

L'arte dell'equilibrio

100 TESSERE PER L'ARTE DI VIVERE

traduzione di Federico Ferraguto

LE MERAVIGLIE

Prefazione

Arte di vivere significa rendersi la vita più semplice? O non piuttosto complicarsela? Ma a che scopo? Per poterla poi semplificare. È possibile evitare questo strazio? Sì, però si perde la pienezza della vita, che nasce dalle difficoltà e dalle sfide che la caratterizzano.

Non è importante seguire alla lettera questa affermazione. Si tratta piuttosto di mettersi alla prova e combinare le proprie esperienze. Fondamentalmente, l'arte di vivere è molto semplice. Basta vivere la vita, fare esperienza e, a volte, rifletterci su. L'aspetto *filosofico* dell'arte di vivere consiste in questa disponibilità alla riflessione, che però è anche il suo più grande limite. È qui che le strade si biforcano. Ci sono persone che riflettono poco e guardano solo ciò che hanno davanti agli occhi, rischiando di ripetere gli stessi errori, come un calciatore che si infortuna sempre nello stesso punto. C'è invece chi non ce la fa a smettere di pensare. I filosofi, ad esempio, si lambiccano su tutto e rischiano di farsi sfuggire la cosa più importante: la concretezza della vita e dell'esperienza.

Chi pratica l'arte di vivere si colloca tra il calciatore e il filosofo, sforzandosi di condurre la vita in maniera consapevole, senza però credere che la riflessione possa risolvere tutti i problemi.

La sfida più grande che l'arte di vivere deve affrontare consiste nel trovare e nel mantenere un qualche equilibrio nel marasma di esperienze contrapposte e contraddittorie di cui è fatta la vita di ciascuno di noi. L'arte di vivere è arte dell'equilibrio tra paura e intrepidezza, tra inerzia e movimento, tra piacere e dolore, tra solitudine e socievolezza, tra pace e guerra, tra senso e insensatezza e molto altro. L'arte dell'equilibrio non punta a estinguere la polarità della vita, ma a riconoscerne le basi e a vivere giocando tra i suoi poli, magari anche solo rispetto all'atteggiamento interiore, che cerca di tenere insieme il "positivo" e il "negativo". Non è detto che l'equilibrio vada sempre mantenuto. Mettersi alla ricerca di un equilibrio, però, significa prendere la strada che conduce a una vita piena. L'equilibrio, infatti, non può essere percepito in ogni momento, ma solo nell'avvicendarsi infinito dei sentimenti e attraverso gli eventi della nostra vita con tutte le esperienze che la definiscono.

Questo libro non è che il diario dei tentativi che io stesso ho compiuto in questo senso e di quelli che ho visto fare ad altri, alla luce dei quali la ricerca dell'equilibrio diventa il lavoro di un anno fatto di stagioni diverse. Non solo perché la mia penna ne subisce il corso, ma anche perché, contro il tempo lineare della modernità, l'arte dell'equilibrio ha bisogno di un elemento ciclico, che può essere ancora attuale e che ricalca la nostra percezione delle stagioni. Per questo bisogna immaginare *Le quattro stagioni* di Vivaldi come il tenue sottofondo musicale dell'arte di vivere. Nel percorso sarà necessario prestare attenzione a tutto ciò che è "piccolo" e "quotidiano", come faceva Nietzsche, che nella *Gaia scienza* ci spingeva a diventare poeti della nostra vita o, in *Umano, troppo umano*, scriveva: «dobbiamo essere vicini alle cose che abbiamo sotto mano, senza disprezzarle volgendo il nostro sguardo alle nuvole e ai mostri della notte». La vita, infatti, non è mai anonima, ma può essere colta sempre e solo nella quotidianità di ogni individuo. Attraverso gli aspetti apparentemente insignificanti della vita emergono, infatti, le grandi questioni che ne investono il senso e alle quali è necessario dare una risposta quanto prima.

In questo libro verranno presentati 100 aspetti, 100 sfaccettature o tessere di quel tema inesauribile che è l'arte di vivere. Questi piccoli pezzi sono espressione di un dialogo immaginario con i lettori e sono stati scritti originariamente per la «Neue Züricher Zeitung am Sonntag», dove, fin dal primo numero del 2002, tengo la rubrica "*Lebenskunst*", 'Arte di vivere'. I primi 100 articoli, qui raccolti e ordinati in una successione diversa e sulla base dei miei appunti personali, sono stati pubblicati tra il 2002 e il 2004 e composti durante la stesura di un'opera più ampia, di cui talvolta riprendo o richiamo le tematiche[1]. Come attesta

1. Wilhelm Schmid, *L'amicizia per se stessi. Cura di sé e arte di vivere*, traduzione di Federico Ferraguto, Roma, Fazi Editore, 2012.

qualche articolo, si vedrà che di tanto in tanto mi capita di ritirarmi in una caffetteria, non solo per restare fedele allo stereotipo del filosofo tutto intento a riflettere sul senso della vita. Questo luogo di una piccola felicità offre infatti condizioni creative che si conciliano perfettamente con le necessità del mio lavoro. Spero sia così anche per il lettore che, ritirandosi con questo libro in un angolo della sua vita, potrà dare spazio ai suoi pensieri incontrando quelli di qualcun altro.

Sensazioni primaverili: le vene si gonfiano

1. *Abitare l'abitudine*

Buongiorno, dormito bene? Vi siete alzati con il piede giusto? Ah, vi siete crogiolati un po' più del solito… Anche io, ma è stata… dura. Avevo deciso di fare un esperimento: avrei voluto trascorrere un'intera giornata accantonando completamente le mie abitudini. Le abitudini sono fastidiose, ci tengono lontani dalla vita vera, bisognerebbe sempre chiedersi che cosa c'è dietro e sarebbe più semplice abolirle del tutto. Le abitudini sono sempre vecchie del giorno prima, è la loro natura. Sono rigide, mentre per la vita moderna contano solo la flessibilità e il futuro. Insomma, ho pensato di voler essere davvero moderno: via i vecchi cappelli. D'ora in poi sarà tutto nuovo, ogni giorno.

Ho deciso di cominciare questa nuova vita oggi stesso, domenica. Fin dal momento del risveglio avrei voluto nuovamente decidere su ogni cosa. Il problema era che non riuscivo nemmeno ad alzarmi dal letto. Continuavo a riflettere e a chiedermi: perché devo alzarmi? Che senso ha? Con quale piede? Ho perso in questo modo una mezza mattinata e, assunta una posizione verticale, il più non era ancora fatto. Ho iniziato a chiedermi cosa dovessi prepararmi per colazione, un tè, un caffè o qualcos'altro, perché avevo escluso di ripetere tutto ciò che ero solito fare e, finalmente superata la tortura di questa scelta, ho iniziato a essere indeciso su quale tazza usare. Ne ho una ventina, tutte diverse tra loro, e prendere quella che adoravo al punto da averne quasi addentato per sbaglio un pezzo era fuori questione. Dovevo mettere in discussione ogni abitudine.

Alla fine non ce la facevo più e ho dovuto capitolare. Questo è il trionfo della filosofia, che si chiede sempre quale sia la natura autentica delle cose. Ora so che l'abitudine non è altro che sgravarsi da decisioni che altrimenti dovrebbero essere reiterate ininterrottamente e su tutto. Le forze necessarie per affrontare tutto ciò che è insolito possono liberarsi solo perché una parte consistente della nostra vita procede automaticamente, senza che sia necessario rifletterci sopra. Questo è il senso delle abitudini. Ma non è tutto.

Io mi sento davvero a casa solo dove ho confidenza con la mia vita e dove mi sento protetto. In queste quattro mura? Non è detto. Posso sentirmi a casa anche dove sono un estraneo, ad esempio in un albergo. La mia vera casa sono le mie abitudini da cui non posso prescindere se voglio dare una direzione alla mia vita. Per cambiarla o ristrutturarla è necessario riconsiderare e interrompere quelle cattive. E la mia vita sarà davvero diversa solamente quando si sarà ridotta a un insieme diverso di abitudini. Dobbiamo essere totalmente grati alle nostre abitudini perché dobbiamo loro la vita. Bene, adesso potete tornare a mettervi comodi sulla vostra poltrona e, come d'abitudine la domenica mattina, sprofondare nel vostro giornale. Senza sensi di colpa.

2. *Melodia primaverile*

Avete mai sentito questa canzone? I suoni, tanto chiari e puliti, si susseguono in una melodia che ci ricorda sempre il suono della primavera. Così bella e malinconica! Dove possiamo ascoltarla? Il concerto si tiene dappertutto, ingresso libero. Il palco è fatto dai tetti e dalle cime degli alberi. Da lì canta una merla e noi siamo gli spettatori. Su una base di galli, fringuelli e cinciallegre che ritornano alla vita si leva maestosamente, tra tutti i volatili, la voce di questa solista. La voce del nero uccello occupa la scena, soprattutto non appena cala la notte e la vita rumorosa dilegua poco a poco, o di mattina presto, quando ancora è tutto silenzioso. Da quelle vette, la merla troneggia sulle bassezze della vita umana. Quando il crepuscolo inizia o la notte volge al termine, emette i suoi suoni a squarciagola, con il becco giallo completamente aperto e la testolina rivolta verso il cielo.

La pioggia non la scalfisce, anzi: ora può trionfare cantando oltre questa giornata grigia, intercalando i suoni pieni con un trillo o un cinguettio. Ama mettere nelle sue canzoni ciò che le sta intorno, con tante variazioni quanti sono gli studi scientifici sulla sua voce.

Questo talento musicale ha colpito anche i compositori. Richard Strauss ha cercato di riprodurre il canto di una merla nel *Cavaliere della rosa*. Cesar Bresgen ha chiamato una sua composizione *Necrologio per una merla*. John Lennon e Paul McCartney hanno scritto *Blackbird*: «Vola, merlo / nella nera notte oscura». La storia della letteratura ha conosciuto *La merla*, un racconto di Robert Musil: «"Io sono la tua merla", diceva, "non mi conosci?"».

In realtà la "merla" è il maschio-merlo, l'uomo-merlo completamente nero, mentre la femmina, vestita di un più modesto marrone, non canta. Il merlo è la diva e io il suo ammiratore segreto. Ogni primavera mi pongo ai suoi piedi. Io credo che ne sia consapevole e che stia ad aspettarmi ogni giorno sulla via di casa. Così mi fermo un attimo ad ascoltare la sua meravigliosa voce. Nonostante la paura che un giorno questa canzone potrebbe finire.

3. All'inizio è l'angoscia

Cammino sul marciapiede e improvvisamente una qualche angoscia si impossessa di me: angoscia per la vita, paura del mondo. Non so cosa mi stia succedendo. Dentro di me si apre una voragine. Il mondo che mi circonda scompare nel più triste nulla. Quando ne parlo c'è chi annuisce in segno di comprensione e chi se la dà a gambe: l'angoscia è "negativa", è "deprimente". L'angoscia rende soli.

Ma io la lascio fare, almeno per un po'. Basterà

qualche giorno? Non la voglio ignorare, né sedare, ma superarla facendomene carico. Perché credo che l'angoscia, per quanto terribile, abbia un certo valore; posso chiedere, a lei e a me stesso, da dove nasca, quali circostanze della mia vita o del mondo che mi circonda l'abbiano provocata; posso chiedermi se esista una vita completamente priva di angoscia. Ma che cos'è la vita? Comincio a riflettere, a documentarmi, a cercarne le ragioni, a trarre conclusioni, a parlarne. La vita mi si squaderna configurandosi come una serie di cerchi concentrici sempre più ampi. Sto in mezzo a un processo che mi rende consapevole di me stesso, sono sulla via di una vita consapevole, sulla strada dell'arte di vivere.

L'arte di vivere è un vecchio tema della filosofia che è tornato a essere interessante. La modernità ha pensato di potervi rinunciare ritenendo che la filosofia dovesse essere posta al servizio delle scienze. Non sognava forse di risolvere tutti i problemi della vita grazie alla scienza e alla tecnica che ne scaturiva? Il sogno continua anche oggi con la tecnologia genetica che lascia già presagire il risultato: qualche soluzione si potrà trovare, qualcuna un po' meno e il sogno, almeno in parte, diventerà un incubo. Alla fine gli esseri umani saranno rinviati nuovamente a se stessi. Tocca a loro, infatti, venire a capo della vita in generale e anche delle conseguenze della scienza e della tecnica. E tocca a loro angosciarsi.

Prima ancora della meraviglia, la fonte della filosofia, della riflessione e della presa di coscienza è l'angoscia. Quindi è importante utilizzarla per restituire alla vita il suo significato così da venirne a capo. L'arte di vivere, che è una tecnica *sui generis* – *téchne toũ bíou*, in greco, e *ars vitae*, *ars vivendi*, in latino –, muove precisamente da questo punto.

Il suo tentativo di rispondere alle sfide della modernità si affida ad alcuni elementi tratti da questa tradizione classica e ne elabora altri *ex novo*. Ma soprattutto non richiede un'intelligenza già pienamente formata o una laurea.

L'arte di vivere non comincia che con l'angoscia, cioè con la fine dell'indifferenza nei confronti della propria vita. Chiunque è capace di provare angoscia: ci coglie di soppiatto, senza che nessuno la invochi. L'angoscia per sé, per la propria vita e per quella degli altri, insegna cosa significhi vivere ed è distribuita con sorprendente equità: tocca i poveri quanto i ricchi e ha una particolare predilezione per chi si sente sicuro di fronte a tutto. Ma che cosa succede a chi ne è dominato? Ha bisogno che qualcuno gli stia vicino. Una parte costitutiva dell'arte di vivere di ciascun individuo è la capacità di aiutare gli altri. Anche noi, forse, prima o poi potremmo averne bisogno.

4. *Forme del volto*

Arte di vivere? Dare una forma alla propria vita? Come si fa? Il filosofo Epitteto, tra il I e il II secolo, paragonava la vita all'attività di uno scultore. Bisogna ora chiedersi chi sia lo scultore e chi la scultura. L'artista sarà forse la "vita" stessa e noi, voi e io, dovremmo essere modellati secondo un'idea, con incisioni morbide e sottili o con pesanti martellate. Non possiamo mai essere sicuri che la vita sia in grado di scolpire il nostro volto, ma talora abbiamo davvero l'impressione che ne sia capace. Solo così, infatti, è possibile spiegare perché certi volti sono delicati e dai tratti affusolati, mentre altri paiono duri come la pietra. Sono stati lavorati intensamente con gli strumenti dell'esperienza, degli incontri, delle nostalgie, delle delusioni, dei dolori e dei piaceri.

Grazie alla sua forza plastica la vita è capace di arricciare le nostre labbra lasciandoci a bocca aperta, o di serrarle in una linea sottilissima. Piega gli angoli della nostra bocca in un sorriso o verso il basso in segno di fastidio. Inarca il sopracciglio in segno di sorpresa o abbassa le palpebre dalla stanchezza. Sulla fronte traccia rughe e rughette e con il tempo le approfondisce ulteriormente, grazie al muscolo che c'è sotto. Le abitudini agiscono inesorabilmente. In un tempo lunghissimo danno forma all'aspetto esteriore e in particolare al viso, cioè alla mimica. La faccia, con tutti i suoi solchi, è il segno di tutta una vita e la levigatezza di un viso non è che la traccia della sua assenza.

E l'arte di vivere? Ci espone consapevolmente alla forza plastica della vita. Sarebbe inutile evitare che ci plasmi. Non perché siamo passivi. Siamo sempre noi a scegliere di chi fidarci, chi incontrare e da chi farci influenzare. Possiamo creare intenzionalmente il contesto per vivere alcune esperienze e per lasciare che queste ci formino. Così facciamo lavorare la vita e, indirettamente, diventiamo scultori di noi stessi, plasmando silenziosamente il nostro volto, senza trucco o chirurgia estetica, senza genetica e senza nostri cloni. Non tutti vogliono assumersi la responsabilità necessaria per quest'opera. Ma noi dobbiamo metterci solo la faccia, il resto lo fa la vita. Non è stimolante?

5. Praticare l'ascesi

Dobbiamo prendere sul serio il digiuno quaresimale? Dobbiamo stare davvero senza mangiare? Non è il relitto di un tempo passato, di qualcosa per credenti rigorosi? Potrebbe anche essere questione di salute. Ogni tanto bisogna buttare fuori in un modo o nell'altro tutto quello che abbiamo divorato. Non è facile. Si potrebbe cogliere l'occasione offerta da una visita gastroenterologica, a cui il digiuno è immediatamente correlato e sottoposto a controllo medico – un modo per soddisfare il bisogno di sicurezze della modernità.

Ma per me c'è sempre il giorno dello "svuotamento": dopo colazione, faccio un pranzo leggero e a cena sorbisco un brodino. Già nel pomeriggio inizio a sentire una leggera fame, accompagnata dal miraggio di una fetta di torta. Le ginocchia si piegano, le mani e i piedi si raffreddano, la circolazione passa in modalità "risparmio energia". Inizio a placare la fame con grandi quantità di liquidi. Non avrei mai immaginato che il gusto dell'acqua, del tè e dei succhi di frutta avesse così tante sfumature. La pressione della cintura dei miei pantaloni si allenta ora dopo ora.

Il giorno successivo sento che il mio corpo è debole, la mia anima a disagio e il mio spirito stordito. Adesso tutto è più lento. Il terzo giorno mi viene in mente una vecchia canzone: *You Make Me Feel Brand New*. Invece è troppo presto. È il momento di svuotare l'intestino. Sarebbe stato meglio acquistare una maschera antigas, anche se non lo diceva nessuna delle guide al digiuno che ho letto. I miei sentimenti sono neri come tutto ciò che esce dal mio corpo.

Ma ho scollinato: da questo momento tutto sarà più semplice. È bello non aver bisogno di altro per sopravvivere se non di un po' di liquidi. L'ascesi è un esercizio di autosuperamento incredibilmente benefico. Praticarla non significa che esercitarsi a esercitarsi. Una volta appresa, questa pratica può essere applicata a molte altre cose. Digiunerò di nuovo? Assolutamente sì, già l'anno prossimo. A essere onesti, devo dire che la vita senza mangiare è molto meno piacevole. Appena sarà trascorsa la settimana di digiuno farò una festa. Intanto mi basta pensare che mi manca, per essere grato di ogni cibo.

6. Vivere "a palla"

La palla vola qua e là. Scendete, uscite, lasciatevi distrarre dal verde che c'è qua fuori. Chi resta seduto alla scrivania è senza cuore. Soltanto per prendersi a pallate per un po', anche solo un'oretta: calcio, pallamano, badminton. Mettere in movimento un corpo può essere divertente e si potrebbe andare avanti all'infinito. È avvincente vedere una palla giocata semplicemente da una parte e dall'altra. Ci avete mai fatto caso seriamente?

Io la lancio a te, tu a me. Un piccolo esercizio utile a reagire a situazioni impreviste. Ciascuno crea per l'altro situazioni di questo tipo, magari intenzionalmente, o solo per caso. La palla prende una direzione inattesa. A volte possiamo raggiungerla e giocarla con poco sforzo. Altre con maggior difficoltà e soltanto grazie a balzi intrepidi. Altre ancora la palla è totalmente irraggiungibile, inutile sforzarsi. Nel giro di un secondo bisogna capire con quale tipo di palla abbiamo a che fare. Non è così anche la vita? Non bisogna decidere continuamente per che cosa mettersi in gioco e cosa "lasciar perdere"?

È necessario esercitarsi in situazioni standard. Praticando costantemente una serie di movimenti la tecnica si raffina e noi ci mettiamo in condizione di tirare le nostre palle con una perizia sempre maggiore. La consuetudine rende possibili variazioni creative. Si possono inventare trucchi, fingere di tirare in una certa direzione e fare in modo che la palla ne prenda una diversa. Non è meglio disciplinarsi e giocare la palla con una precisione sempre maggiore? Detto, fatto. Così il gioco diventa noioso, tutto diventa calcolabile e basterebbero due robot a giocare una partita di ping pong. Ha più senso pensare di rendersi reciprocamente la vita un po' più difficile. La tensione fa crescere.

Tutti vogliono vincere. Ma alla fine qualcuno deve perdere. La consolazione è che anche nella vita vincere sempre è impossibile. Chi perde ha il vantaggio di essersi esercitato nella delusione, a differenza del vincitore, a cui la vita prima o poi metterà lo sgambetto. Giocando si impara a vivere. Vale la pena perderci un pomeriggio.

7. Le piccole gioie di un'influenza

Un improvviso bruciore alla gola. All'inizio do la colpa ai semi del mio pane ai cereali, ma è già troppo tardi per fare qualcosa. No, proprio ora! Ho da fare, ho una serie di appuntamenti che non posso rimandare. Però contro i virus si può fare poco e le difese immunitarie cedono quasi subito. La prima cosa che perdo è la forza di gravità, che mi tiene incollato al suolo.

Qui il soggetto moderno, piegato da convulsi attacchi di tosse, si umilia. I polmoni, che giorno per giorno svolgono il loro lavoro senza la minima protesta, mettono in chiaro quanto siano deboli. Ogni rumore è una freccia che trafigge il cranio e ci resta conficcata. Alla fine si impongono i primi pensieri: la mia anima sembra ansimare attraverso il mio corpo. Sarei più felice se questa vita – solo sofferenza e dolore – finisse del tutto.

La malattia amplia lo sguardo in maniera inquietante, universalizza il dolore: che valore ha una vita che può guastarsi con tanta facilità, non solo la mia, ma la vita in generale? Che cosa significa essere uomini se si è così vulnerabili e c'è il rischio di morire o di ammalarsi in ogni momento? Che senso ha vivere se dietro ogni gioia traluce già il dolore?

Poi giunge il primo sonno e tutto diventa diverso. Il corpo maltrattato non è più capace di alcun pensiero e si prepara, oltre il dolore, alla nuova gioia, incontenibile come mai prima d'ora. Un sentimento puro attraversa corpo, anima e spirito. Deve essere la *kathársis*, la purificazione. Sento tutto come se fosse nuovo, ogni passo, ogni sguardo, la freschezza di ogni respiro, come se non fossero più solo i polmoni a rifiatare, ma come se tutto il mio essere abbia un respiro nuovo e diverso.

Per questo sono stato messo al tappeto? Mi basta un raffreddore, un virus influenzale, per farmi sentire come se mi avessero regalato di nuovo la vita. Dal patimento non nasce solo il dolore, ma anche la passione. Il fatto di aver toccato l'altro suo polo, quello "negativo", restituisce alla vita tutta la sua tensione. Se non mi sembrasse fuori luogo mi verrebbe da dire grazie per tutto questo. Me lo godo ancora un momento, prima di tornare a recitare nella mia quotidianità.

8. Ore d'ozio

Un rigoglioso salice piangente di un verde tenero protegge il mio cammino. Un pettirosso saltella da un ramo all'altro. Giacinti, acacie, camelie, violette, rododendri, magnolie, tromboni e narcisi: la primavera sta sbocciando e solo i possenti platani restano ancora spogli – questo lo scenario imperioso dell'Orto Botanico Reale al centro di Madrid, dal lato del Prado: una rappresentazione imperiale dell'arte. La domenica mattina il visitatore vaga quasi da solo per questa via labirintica e, nondimeno, rigorosamente geometrica. Il brusio di chi non è interessato ai giardini si infrange come un'onda marina contro questa isola di felicità. Come i fiori sboccia anche l'anima, trovando il suo senso nelle percezioni. A un paio di passi dalle palme gorgoglia con voce flebile una fontana che spruzza acqua davanti a sé mentre un passero ignora il divieto di berne.

Qui, sotto il sole mattutino, lascio vagare i miei pensieri che convergono arbitrariamente attorno a un'unica domanda: dove si trova il centro del mondo? Qui? Ma quando sono a casa mia, nell'Europa del Nord, il centro è sempre "qui" e il luogo in cui mi trovo adesso è "là sotto", ai margini del continente. Da questa mia prospettiva "periferica" il mondo è un'altra cosa, il mio sguardo interiore vaga per paesaggi diversi e, giungendo al mare, attraversa tutto il mondo di lingua spagnola, il cui centro è davvero questo. Tra questi edifici imperiali si sente ancora il suono delle gesta grandiose e delle conversazioni degli uomini che un tempo li abitavano.

Ogni volta che ci spostiamo il nostro sguardo sul mondo si riorganizza. Ogni volta che ci si trova "qui", ci si trova anche al centro del mondo. Chi viaggia molto a un certo punto capisce che il mondo è dappertutto sempre lo stesso. Ma come mai il suo centro muta in funzione del nostro movimento? C'è solo una spiegazione possibile: sono io stesso il centro del mondo e proprio questo è ciò che condivido con tutti gli altri individui che lo abitano. Quanto più ci si sposta, tanto più varia la prospettiva sul mondo. Il modo migliore per rapportarci agli altri è farsi un'idea di come il mondo può apparire dalla loro prospettiva. Con questa idea m'incammino verso l'uscita e torno ai rumori del mondo degli altri. Perché ho l'impressione che i fiori se la ridano sotto i baffi?

9. Incontrare l'assurdo

C'è posto per me nella mia agenda di oggi? Decido di riservarmi due o tre ore, nel tardo pomeriggio. Me ne vado al museo. Gironzolo senza meta tra i vari quadri. In questo mondo dipinto mi sento al sicuro. Un quadro in particolare attira magicamente il mio sguardo, al piano inferiore del Prado a Madrid. No, non il meraviglioso *Giardino dei piaceri*, ma *Le tentazioni di sant'Antonio*. No, non quello famoso di Hyeronimus Bosch (ca. 1450-1516), ma uno più modesto che gli sta accanto, una *Copia da Hyeronimus Bosch*.

Un monaco con un saio marrone sta rimuginando ma non medita chiuso in se stesso. Ipnotizzato e intento rivolge le sue mani chiuse in segno di preghiera verso una mela gialla. Che scena! Di lato si vede una casa affondare in mezzo a un lago. Sulla facciata c'è un viso umano avvolto in un velo bianco che guarda fisso nella direzione del monaco. Sulla sua testa, al posto del tetto, c'è un nido. In cielo svolazzano un uccello e un pesce volante. Sul saio del monaco si intravede la coda di un topo. Ma potrebbe trattarsi anche della morte con la falce o di un gufo con la testa china. Si vedono inoltre insetti antropomorfi piovere

Copia da Hyeronimus Bosch, Le tentazioni di sant'Antonio, *1500-1510, olio su tavola (70x115 cm)*

dal cielo e cadere in un incendio che divampa da un edificio in fiamme subito alle spalle di sant'Antonio. Forme cupe in abiti monacali si sostengono a un bastone e corrono verso il fuoco.

Una donna invita timidamente Antonio verso la casa che sta affondando. Per fare ancora un bagno insieme a lei? Betsabea? Ma Antonio è stato avvisato: per quella strada si annega nel diluvio universale e la piccola barca a vela simile a un'arca pare tanto fragile quanto inaffidabile. Di cosa è simbolo la bandiera con il cigno bianco issata accanto alla casa che affonda? E l'uomo con il saio che, senza dubbio e con tutta evidenza, si trova ai margini di questa scena cosa dovrebbe... Certo, si può pensare che lo sguardo di Antonio si rifletta in quello attonito dell'osservatore.

Ma cosa significa tutto questo? Forse soltanto che è possibile far uscire dall'angolo il pensiero, per lacerare, anche solo per un momento, l'orizzonte della normalità. L'incontro con l'assurdo aumenta le capacità del pensiero. Un piccolo esercizio nello stabilire connessioni, possibili o impossibili che siano. La neurofisiologia lo chiamerebbe stimolo alla formazione di sinapsi; il management parlerebbe di un aumento della capacità nel *problem solving*. E l'arte di vivere come lo definirebbe? Forse soltanto un bel pomeriggio.

10. Serenità

Avete già riso oggi? Non fa niente, capiterà. Chi ne avrà modo potrà ritenersi "sereno", perché evidentemente ha motivo di gioire. La serenità non è identica alla gioia, sebbene questa potrebbe essere il modo in cui si esprime. La gioia è un affetto, la serenità è una disposizione spirituale. Anche se la gioia non è qualcosa da cui fuggire, essa rappresenta solo quel polo della vita che si contrappone alla tristezza. In questa tensione si dispiega la "vita simmetrica" tipica della serenità.

Già nel V secolo a.C. Democrito pensava che la serenità nascesse da una "vita nell'equilibrio". La serenità è perciò arte dell'equilibrio, del bilanciamento tra i diversi lati della vita, anche tra quelli che chiamiamo negativo e positivo, tra il troppo e il troppo poco di ogni cosa. Non è possibile che questo equilibrio possa essere mantenuto costantemente. Lo si ottiene nel corso di una vita: non è sincronico, ma diacronico. Soggetto della serenità è chi è capace di tenere insieme le diverse esperienze della vita e, soprattutto, chi sa che è impossibile porre rimedio alla sua assurdità. Così, anche la melanconia è una disposizione spirituale vicina alla serenità. Nemmeno la malinconia mette in dubbio l'esperienza dell'assurdo, ma rispetto alla serenità ne trae conseguenze diverse. A differenza del soggetto melanconico, quello sereno si affida al senso di protezione che alberga nell'assurdo. La forma esteriore della serenità non è tanto il riso, che rientra nella sfera della gioia, ma il sorriso. Il sorriso a volte non può essere percepito, mentre lo è il viso non adombrato che da sempre viene considerato come la cifra della serenità. Con il sorriso il soggetto testimonia la sua appartenenza a se stesso, ciò che invece sfugge sia nel pianto che nel riso. Mentre in quest'ultimo un affetto violento sembra lacerare il volto su cui irrompe, nel sorriso il soggetto dà una regola alla sua mimica che diviene ricchissima di sfumature. Si diventa sereni solo esercitandosi a esserlo.

11. Sentire e sentirsi

Tiriliriliriliì – no, non è la primavera, gli uccelli non hanno ancora traslocato in questa caffetteria. È solo un cellulare nascosto in qualche tasca, ma in quale? Il suo proprietario sarà in bagno e non vuole ricevere telefonate. Ma così si disturba il resto della sala. Infatti, gli occhi dei clienti sono alla ricerca del malfattore. Tutti si affrettano a togliere la suoneria, tanto sarà sempre possibile vedere le "chiamate perse" e richiamare.

Non solo in questo caffè, ma dappertutto si vedono esseri umani che smanettano concentrati con il loro telefonino. Non importa con chi stanno: i rapporti condizionati dalla distanza hanno un chiaro privilegio su quelli che intratteniamo con chi ci è seduto accanto. Non solo quando squilla il telefono a casa, ma sempre e ovunque. È già un po' che nessuno si sorprende di incontrare persone strane che, per strada o alla fermata del tram, sembra parlino da sole. Osservandole meglio si capisce che hanno un aggeggio conficcato nell'orecchio.

Da un certo punto di vista queste persone parlano davvero da sole: non è importante con chi siano effettivamente al telefono, perché il contenuto del dialogo è sempre lo stesso: «Mi trovo sulla Buntstrasse, hai presente quel posto dove compro sempre i calzini?»; oppure: «Sta passando il tram? Tu dove sei?»; o, ancora: «Amore, arrivo tra cinque minuti». Se ci si chiede quale sia l'essenza di questi discorsi, sembra evidente che sia in gioco il bisogno di accertarsi dello spazio e del tempo della propria esistenza, che nell'ambito della modernità potrebbero essere messi in discussione.

Certo, queste conversazioni non si limitano sempre a definire dove ci si trova in un dato momento o dove si sta andando. Sono anche l'occasione per comunicarsi cose urgenti. Inevitabile è però la questione: cosa dirsi quando ci si incontra di persona? Semplice: nulla. Si inizierà a telefonare a chi non ci disturba con la sua presenza fisica.

Ammesso che un fenomeno di questo tipo debba effettivamente avere ragione di esistere, può indicare un nuovo modo di stare al mondo? Un modo diverso, un'arte di vivere ancora più nuova, potrebbe spingere a rinunciare consapevolmente a questo gioco. E a guardarsi negli occhi. Con il rischio di non sentire lo squillo.

12. Il potere, sempre

Il vostro capo vi guarda torvo. A casa si sbattono le porte. Due partiti litigano aspramente. La politica impone con forza una legge. Una grande nazione minaccia di intervenire su una più piccola. In piena primavera si gonfiano vene diverse. Il potere è onnipresente. È davvero una parte fondamentale della vita? È sempre necessario farci i conti? Esiste una vita senza potere? Certo è che ogni tentativo di farne a meno è sempre andato male. In un modo o nell'altro, il potere deve far parte della nostra essenza. Ma cosa si intende propriamente con "potere"? Evidentemente qualcosa di inebriante, che non può non presentarsi e a cui è difficile resistere molto più che a ogni altra forma di ebbrezza. Il potere inebria, perché provoca un'esperienza dell'espansione di sé. Non è difficile capire che la vita di ciascuno di noi è condizionata dal contatto con altri esseri umani, con un gruppo, con migliaia o addirittura milioni di persone.

Chi è potente ha un senso più ampio, poiché si trova al centro di una rete di connessioni, come un ragno. Molte relazioni dipendono da lui e a lui riconducono. Può fare molto. E questo dà un sentimento di pienezza. Il potere è precisamente un'esperienza della trascendenza nel senso stretto della parola: si tratta di un'esperienza caratterizzata dall'"oltrepassamento", tanto dell'angustia mortale quanto del limite del sé, verso un'ampiezza e un'illimitatezza che appaiono infinite e immortali.

Da qui il tanto famigerato "attaccamento" al potere. Perderlo significa esporsi all'abisso dell'assurdo. Ci sono dunque molte buone ragioni che spiegano come mai chi ha fatto esperienza del potere non abbia più voglia di lasciarselo sfuggire. È in gioco la possibilità che la sua esistenza si svolga in uno spazio più ampio. Ai suoi occhi rientrare nella gabbia di una vita priva di questa pienezza è come morire.

Uno dei compiti dell'arte di vivere è certamente quello di occuparsi in maniera approfondita del potere, altrui così come del nostro. Ogni essere umano esercita un certo potere. Anche voi e io. Solo quando si ottiene un certo equilibrio tra i giochi di potere che si svolgono dentro di noi ci si può aspettare che anche quelli che hanno luogo fuori di noi possano essere bilanciati al meglio. Il potere supremo, vero, che consiste nell'avere potere sul potere, è l'unico *super*-potere possibile. Ma si tratta di un compito molto difficile, sia per i singoli individui che per le nazioni.

13. Il puro caso

L'occhio mi cade su un annuncio: stasera al cinema danno uno dei miei vecchi film preferiti. È chiaro che il piano della serata che avevo definito sarà cestinato. Vado al cinema. Ma qual è il senso di questa casualità? Comincio a pensare al fatto che andando al cinema avrò un incontro imprevisto. O un incidente, oppure che lo eviterò andandoci. Il caso è una incisione nella vita, che presenta conseguenze imprevedibili. Ma la vita non è fatta da una catena di casualità? C'è un "senso" per tutto questo?

Il caso ha sempre creato problemi. Gli esseri umani si preoccupano del fatto che nella loro vita molte cose non possono essere pianificate o scelte, ma sono proprio così come sono. Ma anche questo è indice di una scelta: siamo noi a decidere se lasciar fare al caso, se sfruttarlo o rifiutarlo. Non possiamo mai escluderlo, ma abbiamo sempre la possibilità di aprirci a esso, di effettuare tentativi ed esperimenti per i quali la nostra creatività non sarà mai sufficiente. Possiamo perfino chiuderci al caso. Ma non dovremo stupirci se le possibilità della nostra vita si ridurranno. Da una parte, affidando tutto al caso viene meno ogni certezza e non si hanno che imprevisti a cui dover far fronte. Dall'altra, mettendoci in una campana di vetro, verranno meno gli imprevisti, ma le tante certezze finiranno prima o poi per annoiarci.

La cosa più interessante è chiederci in che misura i casi della vita "abbiano un senso". Si potrebbe trovare una risposta solo avendo una visione d'insieme su tutto ciò che accade, uno sguardo che colga la totalità dei nessi che definiscono la realtà in cui viviamo. Ma solo Dio, ammesso che esista, potrebbe possederlo. Noi dobbiamo accontentarci di osservare che i casi della vita spesso si susseguono come se fossero guidati da un piano segreto. Bastano già due o tre casualità che si alimentano a vicenda per determinare una dinamica a cui, nel bene e nel male, non è più possibile opporsi. Qualcosa del genere si può constatare, ma non è assolutamente dimostrabile. Non ci resta che accettare un senso che ci appare plausibile. L'arte di vivere non è altro che questo. Questa plausibilità del senso attenua la convinzione di essere completamente all'oscuro di tutto.

14. Vita moderna

Anche per voi esiste un film che avete visto una volta e che da allora si è impresso per sempre nella vostra memoria? Il mio è del 1982 e scorre ancora davanti ai miei occhi. Si intitola *Koyaanisqatsi.* Questo termine, nella lingua degli indiani Hopi, indica una vita priva di equilibrio che aspira a una vita diversa. La natura viene ripresa in maniera grandiosa, formazioni minerali eterne che si disgregano nel corso di migliaia di secoli. Deserti infiniti: spazio attraversato solo dal vento, dal dramma muto delle perturbazioni e del costante cambiamento della luce. Qui la presenza umana è testimoniata solo da pitture rupestri.

In questo mondo irrompe all'improvviso una macchina violenta, che divora la terra e la digerisce per costruire fabbriche le quali, a loro volta, divorano il paesaggio arcaico. Un fungo atomico di una bellezza terribile si leva nel cielo sopra il deserto. All'ombra di grandi centrali elettriche ci sono esseri umani distesi indisturbati sulla spiaggia. Altri vengono trasportati in aria con l'aiuto di ulteriori macchine. Il loro ritmo di vita è il traffico regolato dal metronomo delle autostrade. Le macchine si moltiplicano, il ritmo si intensifica. Uno spazio nuovo viene aperto nel cosmo, oltre la Terra.

Le nuvole continuano a giocare con la luce, ma ora lo fanno sopra grandi città, cioè sui nuovi deserti, più consolanti di quelli naturali, creati dagli uomini. Che pian piano distruggono anche questa loro opera. La mandano in fumo e, palazzo dopo palazzo, la riducono in polvere. Persone corrono confusamente e incessantemente, fluttuano e straripano dai diversi spazi di questo mondo, balzano da una parte all'altra veloci come fulmini. Si preparano da mangiare nel giro di un secondo ingurgitando tutto quello che hanno davanti e ballano attorno alle loro macchine, i loro vitelli d'oro.

Questa vita del tempo moderno che ingloba lo spazio arcaico senza rimuoverlo è esteticamente scioccante e al contempo straordinaria.

Evidente è la paura per la grande bomba dopo la quale tutto sarà silenzio. Il film è in realtà un documentario prodotto negli USA, diretto da Godfrey Reggio e apparso nel 1982. Si esce dal cinema come storditi e stanchi di tornare alla vita moderna. Chissà perché questo film continua a piacermi…

15. Lotta tra le culture?

Che cosa succede nel mondo? Che cosa ne sarà di noi? Cerchiamo di interpretare e di dare un significato a tutto quello che accade. Questa è una parte fondamentale dell'arte di vivere. Senza questa attività la vita non esisterebbe. Dobbiamo rintracciare il senso che conferiamo a un certo fatto per definire il modo in cui rapportarci a esso. Nessuna di queste interpretazioni può pretendere di per sé di essere "la verità". Tra le possibili interpretazioni è però discriminante quanto ciascuna di esse sia in grado di migliorare la comprensione del mondo in cui viviamo.

Che cosa sta succedendo? Sembra che ci siano due mondi paralleli. Per molto tempo questi mondi si sono sviluppati separatamente, senza che facessimo caso al loro parallelismo. Teniamo molto sullo sfondo la divisione tra "mondo occidentale" e "mondo orientale". Quello che si trova molto più in profondità e che ci fa trattenere il respiro, infatti, è il conflitto tra due culture che non solo si contendono il pianeta o singoli Stati, ma si affrontano anche nell'interiorità di ogni singolo essere umano. Entrambe le culture pretendono a ragione di essere le espressioni autentiche della "civiltà".

La prima di queste può essere detta "cultura dello spazio" ed è caratterizzata dalla forza di inerzia dell'essere umano e dalle cose sistemate secondo l'ordine che esse stesse richiedono. La quiete, statica e permanente, dà sicurezza e protezione: tutto ciò che è, è come era e non potrà essere diversamente. Questa è la continuità della vita, costituita da relazioni stabili che ci accompagnano dalla culla alla tomba. Si tratta di relazioni di cui ogni comunità è intessuta, che non sono certo determinate dalla libertà, bensì dalle costrizioni di una tradizione, di una religione o di una forma di dominazione politica, che non tutti avvertono come un pericolo.

In un contesto di questo tipo, il tempo e di conseguenza il mutamento non svolgono un ruolo significativo. Certo, anche la cultura dello spazio ha il suo tempo, ma si tratta di un tempo ciclico, condizionato da rituali fissi e molto diverso da quello della modernità, veloce e teso come la traiettoria di una freccia. Questa vita stanziale non è solo prerogativa della cultura islamica, ma coinvolge quattro quinti del nostro pianeta e perfino gli Stati moderni ne conservano la memoria. Come potremmo chiamare la cultura che vi è contrapposta? E quale delle due è la nostra?

16. La vita nel tempo

Quante volte avete già guardato l'orologio oggi? Potete figurarvi una cultura che non conosce questo gesto? Si tratterebbe di un modo di stare al mondo in cui la precisa misurazione del tempo non svolge alcun ruolo. La maggior parte degli abitanti di questo pianeta vive così. In questo angolo nordoccidentale della Terra, invece, si predilige e domina la cultura del tempo, detta anche "cultura moderna".

A differenza di quella dello spazio, la cultura del

tempo è dinamica. Niente e nessuno permane nella sua posizione originaria. La vita è fortemente condizionata da relazioni reciproche tra esseri umani nelle quali si manifesta la libertà di ogni singolo. La libertà aumenta all'eccesso, ma porta anche alla solitudine e alla perdizione. Al posto delle comunità sorge una società priva di connessioni stabili.

La pazienza è uno dei tratti più evidenti della cultura dello spazio, mentre quella del tempo è dominata da una grande impazienza. L'imperturbabilità della cultura dello spazio è contrapposta all'eccitabilità tipica di quella del tempo, dove c'è sempre qualcosa di "nuovo". L'inerzia è sostituita dal mutamento continuo. Il movimento, come fine in sé, viene posto al di sopra di qualunque altra cosa e annichilisce l'inerzia. Questo aspetto della cultura del tempo costituisce la minaccia che spaventa chi appartiene a quella dello spazio.

Che cosa succede quando queste due culture si incontrano? Forse quello che è sempre più sotto i nostri occhi, cioè quel dramma di cui ogni attentato terroristico e ogni guerra sono un atto. La divaricazione tra la parte occidentale e quella orientale del mondo potrebbe essere interpretata come un momento del conflitto tra la cultura dello spazio e quella del tempo. Come se il pianeta su cui viviamo si scindesse in due diversi blocchi in conflitto tra loro. Ciascuno sente che la sua esistenza è in pericolo e reagisce con la guerra. Non è possibile trovare una soluzione nel breve periodo: non è possibile evitare che affetti violenti e dirompenti si abbattano l'uno contro l'altro. Le cose cambierebbero se questo conflitto venisse ricondotto entro certi limiti, cioè se la paura reciproca "sopraffacesse" la reciproca incomprensione?

17. Le isole dell'alterità

Cosa fare quando c'è una lite in casa? Difficile rispondere. Lo stesso vale quando si litiga fuori. I problemi della società e quelli relativi ai rapporti tra intere culture non sono molto diversi da quelli che abbiamo a casa nostra. Quando si litiga abbiamo strumenti diversi da un manico di scopa, da un coltello o da una tecnica marziale. Ci serve, più o meno, l'"ermeneutica", cioè l'arte dell'interpretazione e del dialogo, che consiste nel tentativo di comprendere gli altri senza rimanere fermi alla coerenza isolata del nostro personale modo di vedere le cose. Sarebbe ovviamente auspicabile che un atteggiamento del genere fosse reciproco, ma quando la situazione si fa disperata è necessario che almeno uno dei litiganti inizi ad assumerlo. Un primo passo consiste nell'acquisire chiarezza su ciò che di se stessi crea problemi agli altri.

Per la cultura in cui viviamo questo potrebbe significare mettere alla prova alcune delle forme che la caratterizzano. Perché ci sono aspetti della cultura moderna che possono apparire senz'altro problematici: l'eccessiva velocità del tempo, il fatto che nemmeno l'uomo moderno riesce a starvi dietro, o la scarsa attenzione che la modernità presta all'ecosistema, o, ancora, la tendenza a dare molto più peso a quella economica che non ad altre forme di ragione. O il fatto che i conflitti religiosi sono tali da sterminare ogni forma di convivenza sociale. Così, quanto sembra dover condurre alla felicità porta regolarmente alla sua negazione.

Non è possibile preordinare dall'alto un cambiamento delle forme di vita e di pensiero peculiari di ogni singolo individuo, cioè di ogni isola di alterità. Voi e io, tutti noi non siamo soltanto prodotti di questo tempo. Anche il modo in cui viviamo è in grado di condizionarlo. L'arte di vivere ha tutti gli elementi per farlo. Con tutte le cautele del caso, perché ignoriamo ciò che è davvero "giusto", l'arte di vivere si impegna per una vita vera. Così, nel lungo periodo potrebbe nascere una modernità diversa nuovamente in grado di gettare ponti verso quelle culture che, nell'opinione di molti, sono "rimaste indietro". Una modernità diversa sarebbe un sollievo. Non solo per gli altri, ma anche per noi.

18. Perché la guerra?

Non ho più voglia di mangiare. Potrei ubriacarmi. Capitolare prima di cominciare: contro la guerra l'arte di vivere può fare solo questo. Si può lottare soltanto contro l'impotenza a evitare l'uso della pura violenza. Come con le malattie gravi: emerge la nuda vita e tutto il resto perde d'importanza. La paura diventa predominante, perché la guerra, vicina o lontana, è incalcolabile. Ci si gioca tutto e non ci si sente veramente sicuri da nessuna parte. Un'unica domanda domina i nostri pensieri: perché la guerra? C'è chi ha provato a rispondere, esponendo le ragioni che la provocano, anche al giorno d'oggi. È però interessante notare che le ragioni della guerra cambiano di continuo. Questo significa che una ragione stringente non esiste. O, anche, che i veri motivi non vengono mai menzionati con chiarezza. Forse perché nemmeno chi ne è responsabile è davvero a conoscenza delle ragioni nascoste che lo spingono.

«Perché la guerra?», chiedeva in una lettera del 1932 Sigmund Freud ad Albert Einstein, cercando di trovare il modo di «difendere gli esseri umani dalla prigione della guerra». Freud era scettico circa i molti motivi che la causano e parlava di un «impulso di morte» impossibile da eliminare. Mi verrebbe da dire che una possibilità per fermarne l'azione derivi dalla riflessione sulla tesi secondo la quale "tutto ciò che è richiesto dallo sviluppo della cultura opera contro la guerra".

C'è però una guerra tra culture. La guerra del petrolio. La guerra contro i dittatori. La guerra per la democrazia. Il vero motivo? Forse la guerra stessa, la guerra per la guerra, la guerra che rende conto della contraddittorietà della vita, che non conosce solo pace, non solo gioia, ma anche dolore, non solo creazione, ma anche distruzione. Tutto qui? L'uomo non può trovare altre possibilità per convivere con queste contraddizioni? Che valore ha un'arte di vivere che le lascia vivere, ma in maniera diversa?

Questi sono solo tentativi più o meno sensati per

rispondere alla domanda: "perché?". Forse la ricerca del senso è l'unica cosa che può esprimere la disperazione della guerra con strumenti più civili.

19. La guerra dentro di me

Che cos'è la guerra? Qualcosa che si svolge lontano da me? No. La guerra condiziona massicciamente le prospettive della mia stessa vita e, pertanto, non può essere puramente esteriore. La guerra tocca l'interiorità di ogni singolo, anche la mia, i miei pensieri e i miei sentimenti.

Embedded, 'inquadrato', 'situato': questa è la parola-chiave della guerra. I giornalisti *embedded* nelle truppe trasmettono immagini che richiedono anche una mia presa di posizione. Dal carro armato guardo un paesaggio che mi sembra Marte. La possibilità di incontrare la paura in ogni momento mi fa vedere tutto al rallentatore. Nel dormiveglia mi credo disteso sulla sabbia del deserto, mentre sono solo nel mio letto. Un razzo parte possente. Ma dove è diretto? Verso quel giovane che ora piange ferito e il cui padre grida nelle telecamere: «Dov'è la vostra umanità, la vostra morale?».

Le immagini restituiscono verità opposte. Bombe e granate di sentimenti e argomenti contraddittori mi entrano dentro lacerandomi. Si oppongono fronti diversi di opinioni nemiche. L'approvazione per la guerra contro un despota contraddice lo shock per ogni morto o ferito. La speranza per la fine di una minaccia terroristica viene annientata dalla paura di un nuovo dominio personalistico del mondo.

La guerra raggruma la storia. Normalmente si nasconde dentro ai palazzi dei congressi, si trascina in modo mellifluo per discussioni infinite, si dissolve completamente davanti alle fatiche della vita quotidiana. Poi torna a essere evidente e spettacolare, precaria, ora dopo ora, giorno dopo giorno. Gli occhi di tutto il mondo sono puntati su di lei. Entrambe le forme della storia possono costare la vita. Ma in un caso è difficile esserne consapevoli, mentre nell'altro, nella guerra, questa eventualità mi balza con chiarezza di fonte agli occhi.

Non solo è difficile stabilire chi abbia vinto questa guerra. È anche difficile vedere che cosa ci sarà dopo. Nella vita individuale, come nella grande storia, le vittorie sono sempre di Pirro: causano sempre qualcosa che non era nelle intenzioni del vincitore. Anche stavolta?

20. La guerra a venire

La testa della doccia fa scorrere delicatamente l'acqua sulla mia pelle. Dalla mia sgorga immediatamente un pensiero: chi è in guerra deve rinunciare amaramente a questo piacere. La morte potrebbe arrivare in ogni momento. Strano, questa guerra dovrebbe essere di un genere del tutto nuovo, dovrebbe finire prestissimo grazie ad armi innovative. E invece mostra sempre lo stesso ghigno: sangue e morte. A che scopo?

Forse perché è nato un altro movimento di protesta: ci è mai capitato di vedere per le strade del pianeta così tanti giovani come questa volta? Sono figli di un'epoca caratterizzata dalle contraddizioni tra una morale viscida e una realtà miserabile. Non sopportano più il ghigno della guerra su questo pianeta, spinti dalla certezza che sia superato, tipico del secolo precedente. L'arma di questi giovani è la presenza puramente fisica. In centinaia di migliaia cercano di sfondare il muro dell'ignoranza e turbano con la loro irritazione la certezza morale di chi crede di dover portare avanti questa guerra. Il prezzo è che anche il movimento di protesta pretende di avere la morale dalla sua parte.

Berlino, Parigi, Berna, Roma, Madrid, Londra, Washington, New York, Sydney, Jakarta, Seoul, Bangladesh: quello che nasce va ben oltre le manifestazioni occasionali contro un vertice economico mondiale. Su tutto il pianeta un'intera generazione di giovani pensa, sente e agisce in comune assumendo una connotazione politica di lungo periodo. Già al momento della sua nascita, il potere globale viene a contatto con la sua controparte civile. Siamo all'alba di una società globale. Si può presumere che la guerra del futuro sarà condotta da questa contro l'arroganza del potere globale e si può solo sperare che gli strumenti di cui si servirà saranno ancora civili.

Se le cose stessero effettivamente in questo modo, la nascita della società globale porterebbe alla luce qualcosa di nuovo e richiederebbe che chiunque si considera cittadino del mondo sia anche consapevole che l'impegno civile è parte strutturale della sua vita.

Ciascun individuo partecipa con la sua responsabilità prendendosi cura di sé, come se si curasse del mondo intero. Gli impazienti vogliono vedere subito i risultati, ma non per questo saranno immediati. Ci saranno molte occasioni per esercitarsi a ottenerli.

21. *Vivere nella catastrofe*

Noi, voi e io, apprendiamo quanto sta accadendo da lontano. Ci teniamo a distanza, anche se con compassione. Questo è uno dei possibili atteggiamenti dell'arte di vivere rispetto a una guerra alla quale non possiamo partecipare che come spettatori. Sarebbe possibile, però, assumere atteggiamenti diversi e meno prudenti.

Per esempio quello del cinquantenne medico inglese, Jonathan Kaplan, cresciuto in Sudafrica e chirurgo in un ospedale di Londra. Kaplan non resta lontano dalla guerra, ma ci entra dentro. Ogni volta, anche nell'Iraq del 1991. La guerra non è solo bianco o nero. Porta fiori colorati, perfino esotici. Kaplan è un uomo che non potrebbe vivere senza catastrofi.

Chi glielo fa fare? Le sue ragioni sono senza dubbio umanitarie: vuole salvare vite, curare ferite, stare vicino a chi ne ha bisogno. Ma ci sono anche altri motivi, che riguardano la sua vita e la comprensione che ne ha. Non ce la fa a mettersi comodo a casa sua. Vuole andare dove si mette in discussione il fondamento di tutto ed è in gioco la vita stessa: «Nel caos ho una visione più forte della vita», dice.

L'agitazione, che lo tormenta a casa, nel caos si trasforma in calma. Non teme la morte, che ha visto in faccia diverse volte, ma ha paura della quotidianità, della sua monotonia, che secondo lui non può essere considerata come vita. La disperazione gli si presenta nella scatola vuota di una vita ordinaria che per troppo tempo perde di vista la sua direzione fondamentale. Solo là dove è in pericolo la vita guadagna un'intensità tale da poter dare dipendenza. «Esistenzialismo catastrofico», lo chiama nel suo libro *The Dressing Station* (2003).

Nella vita di Kaplan il caso occupa molto spazio e con risvolti non di rado negativi: «Non si è mai padroni di niente». Molto è lasciato all'improvvisazione e i mezzi a disposizione sono ridicoli. Kaplan parla a tal proposito di un'esistenza condotta in simbiosi con il dolore. Il confronto con la sofferenza permette di dare un nuovo ordine alle priorità della vita. «In queste situazioni la chiarezza ci assale come non mai». Anche il volto di Kaplan mostra una pienezza della vita che potrebbe essere considerata un esempio di felicità.

22. *Sonore risate*

Non ho mai visto una cosa del genere: occhi e bocca spalancati, tutti i tratti del volto alterati! Che cosa gli è successo? Sta ridendo. Si può ridere in un momento come questo? Proprio ora?

È chiaro che è necessaria una piccola pausa dalla serietà opprimente della vita e del mondo. Ma fate attenzione. Il riso può avere serie conseguenze sulla vostra costituzione fisica: si "scoppia dal ridere". È una malattia: si "ride a crepapelle". È simile all'epilessia: si ride fino ad avere le "convulsioni" o i "crampi". Difatti, non è detto che il gas esilarante faccia ridere: può essere mortale. Questo è il lato patologico del riso.

Ma non tutti i modi di ridere sono uguali. Il gourmet può decidere tra un numero molto ampio di varianti. Si ride di gioia, ma anche di disperazione. Quello che chiamiamo "riso amaro" si impone con sarcasmo e con una certa cupezza, come quando si crede di trarre conclusioni definitive sul senso di qualcosa. Poi c'è il riso beffardo e sfottente della critica. O la risata liberatoria, che fa cadere improvvisamente nel nulla una grande tensione. E non dimentichiamo la risata classica, dovuta semplicemente al senso dell'umorismo.

C'è il riso folle, di cui non si conosce il motivo. E la risatina infantile, che non è soltanto dei bambini, perché è anche provocata dall'imbarazzo. Il riso può essere infine considerato come un fenomeno sociale. Non si può ridere da soli, a meno di non essere presi per matti. Una risata può creare una comunità: nel riso si riconoscono gli amici, che si ritrovano in questo gesto. Ma se uno non smette di ridere dell'altro, invece che *con* l'altro, è una risata a recidere il loro legame.

Il riso nasce da tutto il corpo – diciamo, infatti, che si ride "con tutto il cuore". Subito prima di manifestarsi esteriormente in una certa parte del cranio, accompagnato da un fragore, il riso passa per il cervello. Una volta venuto allo scoperto, è contagioso.

La sua forma più nobile è la disponibilità a ridere di se stessi. Ammesso che esista, questa è un'espressione della saggezza. Tutti ne avremmo bisogno. Solo così si può evitare il pericolo di ridere sempre soltanto superficialmente.

23. Guadagnare terreno

Siete a terra? Completamente? Sfranti? Un momento e sono da voi. Oggi ci eserciteremo a vivere: impareremo a conoscere il pavimento. Una volta tanto cercheremo di non sfuggire alla forza di gravità, ma ci abbandoneremo a essa.

Solo per cinque minuti, guarniti eventualmente con un po' di ginnastica scapolo-omerale, da ripetere possibilmente ogni giorno. Chi sta disteso ancora più in basso rispetto al suo letto diventa un'altra persona. Una visione dal basso verso l'alto, e non il contrario, ci fa mutare completamente prospettiva. Si risvegliano ricordi infantili. Il senso di benessere dato dalla terra si propaga dentro di noi. Tutti vogliono essere sempre al top. Ma è importante avere confidenza con quanto c'è "sotto", che prima o poi ci si presenterà e che non potremo mai eliminare. Ora aderiamo al suolo.

Essere completamente giù, aderire al pavimento, riduce la paura di cadere o di precipitare che nasce dalla dura lotta contro la forza di gravità. La posizione orizzontale permette di rilassarsi dalle tensioni causate da quella verticale e, non a caso, rappresenta la posizione privilegiata per l'amore e la tenerezza.

Quella orizzontale è anche la posizione del naufragio, o del fallimento, che va oltre il terrore, imponendo una nuova certezza: di non poter cadere più in basso. La posizione orizzontale è, infine, anche quella della morte. In questo senso, gli esercizi a terra possono essere utili anche per assimilarne il pensiero.

Possiamo prendere in considerazione il nostro "essere giù" anche come un fenomeno molto diverso da tutto questo. «Rilassi il bacino», dice la fisioterapista, guidandomi negli esercizi a terra. La guardo perso. C'è un significato essenziale di questa espressione di cui non mi ero mai accorto. «Ah, i maschi!», dice lei, intendendo: "come siete indifferenti verso le cose più importanti della vita!". E si mette a spiegarmi quanto questa parte del corpo sia importante per sostenere gli organi di cui forma il basamento, per non lasciarli "sospesi nel vuoto" e per non opprimere il diaframma che sta in mezzo. Un bacino fiacco rende difficile lo svuotamento della vescica e dell'intestino. Bisogna dare valore al suolo in noi e a quello fuori di noi esercitandoci giorno per giorno. Così la nostra vita potrà trovare un senso e guadagnare terreno due volte.

24. Un bicchiere d'acqua

Il sole primaverile penetra attraverso i vetri della finestra. Il tram passa instancabile e assordante, facendo tremare paurosamente il pavimento. Il traffico impazza, ma ciò nonostante il caffè Slavia si erge nel centro di Praga come uno scoglio nella risacca. È sopravvissuto a mareggiate molto più forti e si è perfino concesso qualche minuto di pausa negli anni Venti. All'epoca vennero chiusi molti caffè, ma da allora sono tornati a nascerne ancora, anzi, molti di più.

Vi va un dolce? Prendete nota del numero che lo contrassegna al bancone posto all'ingresso e il cameriere ve lo porterà immediatamente. Potrete godervi una magnifica vista sulla Moldava con il forte contrasto di un robusto caffè: un uomo in maglietta che si è appena tolto le scarpe studia su un libro colonne di numeri incredibilmente lunghe. Un'anziana signora, all'altro capo del tavolo, mangia con dedizione il suo arrosto di maiale con crauti e *Knödeln*. A un altro tavolo si stiracchia una bellezza eterea in verde – anzi, no, è solo un dipinto a olio sulla parete, ma in un posto come questo nulla è scontato.

Oggi come un tempo mi trovo in un salone popolare, in un posto dove la vita è multicolore. Una bellezza autentica, bionda, chiacchiera animatamente con sua nonna mentre invia SMS dal cellulare. E lì alla finestra, non è Madeleine Albright, l'ex ministro degli Esteri americano? Se non proprio lei, è almeno la sua edizione economica. Le pareti sono tappezzate di foto di Hillary Clinton al caffè Slavia durante una visita di Stato, mentre suo marito discute con Václav Havel nel Castello, che domina suggestivamente l'altra sponda della Moldava ed è visibile anche da qui.

In questo locale si incontrano uomini dalle origini più diverse e sia voi che io non siamo altro che questo, anche se le riviste a disposizione sono prevalentemente in mano ai cechi. Stanno seduti per ore, senza mostrare la minima traccia di frenesia. Due uomini che, discutendo, sono arrivati ai sigari, chiedono da accendere a un cameriere. Rispetto a una volta non è cambiato niente, a parte la bevanda alla moda. L'assenzio, ancora raffigurato nel dipinto con la signora in verde, è stato sostituito dall'*acqua minerale*. La nuova Europa è molto sobria. I vecchi europei non ci mancano. Ehi, capo: un altro bicchiere d'acqua, grazie.

25. Sentimenti primaverili

Sento la linfa che cresce in me. La sentite anche voi? Che cosa sta succedendo? È la primavera, signori. Un tempo che impone le sue leggi con ogni mezzo. Dal punto di vista ormonale, la luce accecante provoca una minore produzione di melatonina, l'ormone del letargo invernale. Aumenta invece l'adrenalina, che stimola il nostro istinto. Non possiamo far altro che "sentire la primavera", quando la voluttà, altrettanto potente, gonfia le vene e la scienza finisce. I poeti di ogni tempo hanno sempre reso onore a questa stagione. La primavera cura le ferite, fa dimenticare le delusioni, riempie ogni vuoto. È il tempo della grande tenerezza.

In primavera la natura vegetale dell'essere umano risulta più evidente che mai. L'uomo non è che una pianta che ha imparato a camminare. In inverno la linfa è interrata. A primavera risale e l'uomo rifiorisce. Le piante affamate di sole chinano la testa le une verso le altre. È bello che ci sia qualcuno con cui condividere questi sentimenti. Perché quelli della primavera sono sentimenti chiari. C'è uno scambio intenso che non caratterizza solo gli uccelli. È ovvio che nell'*ars vivendi* rientri anche un'*ars amandi*, l'arte dell'amore. Ed è innegabile che questa non ha a che fare solo con l'anima o con lo spirito, ma anche con la carne.

Anime e corpi si infuocano, il desiderio si sottrae a ogni controllo. Inutile pensare di moderarsi. Non è il momento di meditare sulle conseguenze. Si freme per l'amore, la delusione ci raggiungerà solo più tardi. La fase del grande freddo è passata – il fatto che tornerà è un pensiero lontano. Evitiamo di riflettere sul fatto che neppure l'industria pubblicitaria è lontana dalla fonte di questi sentimenti e sa usarli nella maniera più frivola. Proprio ora che siamo più deboli, diventiamo anche ottimi consumatori. Perfino un qualunque giornale di dubbia qualità potrà acquisire nuovi abbonati. Come? Ci imbecca spudoratamente l'estasi primaverile: *Aspetto con ansia il prossimo numero.*

Paesaggi estivi: la mia Capri

26. Un bel respiro

Che profumo incantevole! Il Paradiso, se esiste, si raggiunge passando per un viale di tigli, simile a Unter den Linden, il viale di Berlino che parte dalla Porta di Brandeburgo. Prima arriva la primavera, poi, quando i tigli fioriscono, l'estate. In un primo momento si vedono solo i boccioli, senza avvertire il profumo. Bisogna aspettare almeno una settimana. Lentamente, e a seconda del clima, i boccioli iniziano a fiorire. E ora un bel respiro, facendo entrare lentamente l'aria dal naso! I fiori irraggiano un profumo tale da scuotere le narici. Che fascino!

Attaccate agli alberi si vedono nuvole biancastre o giallo chiaro, circondate da insetti di ogni specie. A Berlino ci sono centinaia di strade e piazze che potrebbero chiamarsi Unter den Linden, letteralmente 'Sotto ai Tigli'. Da sempre, almeno nel periodo in cui i tigli rifioriscono, il modo di fare spigoloso dei prussiani si ammorbidisce. Il contrasto tra l'odore dolce dei tigli, che arriva a ondate, e la logorante puzza di marcio caratteristica di quel mattatoio che è la metropolitana è molto forte. Anche nella piazza del Castello di Charlottenburg ci si crogiola in questo profumo e si rotola sull'erba ai piedi di questi alberi. I più esperti sanno che il massimo è farlo al crepuscolo o quando è appena calata la notte. A quell'ora, infatti, l'aria, più umida e fresca, viene intrisa completamente dalle molecole di profumo.

Per capire se un essere umano è cattivo è sufficiente sapere se ama il profumo dei tigli. Ma è anche vero che chiunque lo inali profondamente diventa buono, almeno finché dura, cioè per circa quattro settimane. Poi tutto torna a essere come prima: inizia la fase della dimenticanza, che dura fino alla primavera successiva, quando torna quella della rimembranza e dell'attesa, le narici si dilatano, la tensione è costante e aumenta l'erotismo, almeno per chi ha un olfatto sviluppato.

A dire il vero, dopo un po' non ne posso più di questo odore dolciastro che ristagna nelle mie narici. I tigli lo sanno e lo rispettano. Così sfioriscono molto in fretta. Il profumo sfuma. Ma nessuno ci fa caso. Tutti ne sono ancora pervasi. E i fiori reagiscono alla fine di un amore proprio come fanno gli uomini: seccano e cadono.

27. Dove c'è silenzio

La gente si riversa sulle scalinate, affluisce nelle stanze, staziona sui ballatoi. Un ricevimento, una sera all'opera, un vernissage, non so… non so dove mi trovo e dove ho la testa. Dove posso trovare un po' di pace?

Un bisogno mi spinge sempre alla ricerca di piccoli luoghi che vengono detti "silenziosi". Dove si può respirare e, appartandosi un poco, anche un po' filosofare, senza dimenticare le "occupazioni" più urgenti che non possono essere rinviate. La stanza non deve essere grande, per non sentirsi troppo al centro dell'attenzione. Basta un piccolo *locus* per trovare un'intimità con se stessi. E non deve essere nemmeno lussuosa, per non dover aver paura di sporcarla e per non sentirsi inibiti.

Il lavandino sgocciola davanti a me, ma il "plop" regolare di ogni singola goccia sottolinea l'uniformità impassibile del silenzio meditativo di questo posto. Non c'è fretta, il mio intestino lo capisce e si prende tutto il tempo del mondo. Mi tornano alla mente ricordi particolari. Come quando da piccolo, seduto sul "cesso" dei miei, osservavo con calma e senza la minima ripugnanza un animaletto che sgambettava sulle pareti di quel bagno squallido. Quella natura tumida e strisciante non è la stessa che mi tiene seduto qui?

In questi momenti prendo regolarmente coscienza del corso della natura, anche se oggi non saprei più dire da dove nasce la bistecca che ho inghiottito qualche ora fa e dove andrà quando lo scarico che sto per tirare l'avrà portata via. Certo, nulla si perde e tutto si ripresenta, anche se in forme diverse. Si può dire lo stesso per lo spirito e per l'anima? Vale lo stesso anche per "me"?

La “seduta” dischiude domande profonde e abissali, è il momento filosofico della giornata ed è sempre un modello di creatività. L’alleggerimento interiore porta benefici alle spalle e, salendo, rilassa il cervello. Chissà quante idee e pensieri sono stati c...ati nel vero senso della parola! Peccato, è arrivato il momento di alzarsi. Addio, o luogo ameno – a domani. Ti cercherò nuovamente e ti ritroverò. Questa è l’unica consolazione che mi resta, nel mondo del rumore.

28. Una giornata da manicomio

Una domenica normalissima. Il giorno della famiglia. Sapete come vanno queste cose. È prevista una gita fuori città. Chi vuole andare in un posto, chi in un altro. Mia figlia, in pubertà, vuole restare a casa, i vecchi rituali la atterriscono. A mio figlio più piccolo va bene tutto, ma vuole chiarire subito una questione che in questi giorni gli sta molto a cuore: «Papà, ti sei mai ubriacato?». Siccome non posso limitarmi a rispondere sì o no, dico con tono grave che non è il momento.

Mio figlio maggiore chiama, ha un problema. Non è stata assolutamente colpa sua, si trattava solo di una piccola rissa in discoteca la sera precedente, non c’è molto da pagare. Arriva poi l’altro figlio grande; anche lui ha un problema: ha appena finito di informarsi sui prezzi delle auto usate e, siccome quella con cui sta testando la patente appena presa ha esalato l’ultimo respiro, ha bisogno di un aiuto, diciamo di un piccolo investimento. I genitori, dal canto loro, rispettano la legge fondamentale della polarità: se uno la pensa in un certo modo, l'altro deve avere necessariamente l'opinione contraria. Ne deriva il solito alterco domenicale. Per miracolo e dopo lunghe trattative, seduzioni e consolazioni ne viene fuori abbastanza spesso una giornata che accontenta tutti. Una normalissima giornata da manicomio.

Di norma chi costruisce una famiglia, invece di ringraziare lo Stato per gli assegni familiari, dovrebbe essere risarcito per danni morali. Ma vi illudereste profondamente pensando che se scrivo queste cose non amo la mia famiglia. Non esiste un animale domestico più grosso di me. Senza famiglia non potrei vivere. Ne avrei una – magari un po' diversa – anche se mi chiudessi in un convento.

Quando sono in viaggio e non vedo la mia famiglia per qualche giorno divento nervoso: mi chiedo per quale scopo sto al mondo. Avverto subito il pericolo di perdere la mia posizione rispetto alla vita. È la famiglia ad avermi reso filosofo. La famiglia è la migliore formazione filosofica pensabile, soprattutto per lo stoicismo. È così che sono diventato stoico. E voi? Siete già filosofi o state per diventarlo?

29. *In pellegrinaggio*

Il sole arde in un cielo privo di nuvole. Proprio oggi. Va così. Ho sollevato faticosamente la valigia e, senza lamentarmi, ho iniziato a camminare. Sono sceso dal treno a una fermata in mezzo alla campagna, ad alcuni chilometri di distanza dal posto. Cammino lungo un sentiero che non conosco, ma che a occhio e croce dovrebbe portarmi dove voglio. Il sudore gronda dai pori della mia pelle. Anche questo era nei piani. Sono un pellegrino, così ho deciso. E come ogni pellegrino mi vivo, dopo il lungo e faticoso cammino, la gioia dell'arrivo: una doccia per rinfrescarmi, un letto per i miei arti martoriati. Adesso sono pronto per "raccogliermi in me stesso", un'attività che va tanto più in profondità quanto maggiore è stata la fatica esteriore che mi ha portato qui.

Da giovane, in un momento difficile della mia vita, promisi a me stesso che una volta avrei intrapreso questo pellegrinaggio. Non saprei dire se per farlo sia necessaria una disposizione religiosa, ma in ogni caso una chiacchierata con Dio o con una potenza divina non fa male; non si sa mai... Solo adesso, dopo decenni, sento che è arrivata l'ora di tener fede alla promessa fatta. E forse proprio ora mi aiuterebbe a ritrovare nuovamente chiarezza, stabilità e nuove forze in mezzo a tutto questo trambusto.

L'acquisizione della consapevolezza di sé che può venire da un pellegrinaggio, la concentrazione sulla propria vita, l'attenzione per molte cose quasi dimenticate liberano nuove forze: potrebbe anche essere questa la ragione del "miracolo" che può manifestarsi in occasioni e luoghi come questo; forse perché le forze di cui parlo provengono anche da una dimensione "altra" con la quale il pellegrino, in questi momenti, stabilisce una relazione più stretta. La magia del luogo fa il resto: il fatto che qui si incrocino da molto tempo i destini di tanti esseri umani procura l'impressione fortissima di una pienezza inesauribile della vita.

Durante la messa serale la vita mi si presenta di fronte ai miei occhi chiara come non mai: tutte le vie, le deviazioni, le cattive strade che ho percorso e la direzione in cui devo muovermi. Alla fine me ne ritorno lieto e spensierato nel mondo – promettendo solennemente a me stesso di non far passare un altro decennio prima di tornare.

30. Al Biergarten

I bavaresi non hanno motivi migliori per essere felici. Il *Biergarten* ideale è circondato da una vegetazione rigogliosa simile a quella di una foresta pluviale: il contesto ideale per mettere in mostra la carne. Il gusto per la birra e il piacere della carne: questo è il *Biergarten*. Nella migliore delle ipotesi non manca la musica squillante di una banda di ottoni. E non c'è carne senza una griglia da cui emana una cortina di fumo che annebbia il cervello. Ed è meglio tacere di ciò che si offre allo sguardo maschile rivestito – o svestito – di abiti femminili. «Ciao», dice una voce adorabile vicino a me, e io mi metto subito nella posizione migliore per rispondere. Ma il saluto è rivolto al suo telefonino.

Siamo all'Englischer Garten di Monaco, e precisamente al *Biergarten* sotto la Chinesischer Turm. Il coltello che incide per lungo, sempre prima di mezzogiorno, il *Wurst* bianco tipico di questa regione è incurvato dall'uso. Qui non esistono *Brezen* normali. Ci sono solo *Brezen* enormi che costano una fortuna, perché altrimenti sarebbe impossibile pagare l'affitto di un *Biergarten* come questo, con più di duemila posti a sedere all'ombra dei castagni. Ma la cosa migliore è l'insalata di patate bavarese, integrata con un'insalata di cetrioli, in olio e aceto, ben diversa da quel pappone a base di maionese che porta lo stesso nome al nord della Germania.

Al *Biergarten* si arena ogni vita, l'essere umano si riduce a una testa sotto una sabbia spazzata via da sempre nuove ondate di birra che gli si infrangono violentemente contro. E quando si inarca un bel cielo blu le istituzioni culturali possono chiudere in anticipo: non ci sarà più nessuno interessato a reading di poesia, a concerti, a vernissage o a conferenze. Non ci sono alternative alla sbornia, anche la sera dopo le ventitré, quando arriva l'ora di chiusura.

L'apice della cultura del *Biergarten*, però, non si trova in Baviera, ma a Berlino. Basti pensare a Loretta sul Wannsee: da una parte il lago e dall'altra il fragore del traffico, tristemente vicino alla metropolitana e lambito silenziosamente dalle bianche ed eleganti code dei sinuosi e veloci ICE. L'unico piccolo problema è che il cibo è tremendamente cattivo. Ma questa è Berlino, la città che mette a nudo la verità dell'esistenza, e Loretta ne è una fedele espressione: non necessariamente bello, ma vero. Monaco, invece, è troppo bella per essere vera. Questo il verdetto dei *Biergarten*.

31. Salviamo la Wurstsalat

Salvare la *Wurstsalat*? Chi la minaccia? È vero: ci siamo lasciati ormai alle spalle i tempi bui della *nouvelle cuisine*, quando la *Wurstsalat* rischiava davvero, e cioè quando l'ultima fogliolina di insalata posta in un piatto vuoto volgeva indignata il suo sguardo al tavolo a fianco, verso una montagna di fette di salame tagliate grossolanamente. Fu poi il momento dei salutisti, che però lasciavano sempre la possibilità di riequilibrare il "wurstico" enfatizzando l'"insalatorio". E meglio se il tutto fosse stato anche *bio*.

È difficile solo pensare che tutto ciò che ci ha accompagnato da quando ci sono spuntati i denti fino all'età della pensione sia stato messo in questione. Prima o poi anche la *Wurstsalat* non sarà più al sicuro. In questa pietanza si incarnano la consistenza, l'abitudine, il rustico e l'indistruttibile – in altre parole, tutto ciò che prima o poi finirà stritolato dalla furia innovativa della modernità. E a quel punto che cosa mangeremo? Sarà meglio fondare un movimento a protezione della nostra sacrosanta *Wurstsalat*, che ha pieno asilo nell'arte di vivere. Certo, per rendere più semplice il lavoro di pubbliche relazioni dovremmo trovare un bel nome.

Potremmo chiamarci molto semplicemente Amici della Vera *Wurstsalat*, AVW. Chiunque capirebbe immediatamente di cosa si tratta: l'ultimo bastione dell'autentico contro la chimica, contro la manipolazione genetica, e comunque non della *Wurstsalat*, e anche contro la diffamazione della *Wurstsalat* come "roba pesante". Per condizionare la politica nazionale sarà sufficiente minacciare di scendere in campo! Se non lasceranno in pace la nostra *Wurstsalat*, la AVW diventerà un partito e allora tutti si faranno un'idea dell'entità del consenso che può creare. Costringeremo la politica a fare l'interesse della *Wurstsalat* e la cosa sarà rilevante perfino rispetto alla politica estera: la Svizzera e la Germania, dopo molte incomprensioni, potranno andare nuovamente a braccetto. L'Italia sarà terrorizzata dall'avanzata dei Barbari del gusto provenienti dal nord. La Polonia sarà indecisa sulla vecchia Europa. Il Giappone sarà entusiasta per questa nuova attrazione turistica. E l'America? Be', l'America non lo riterrà un elemento valido per pacificare l'Iraq. E certo: se non strozza ingrassa, no?

32. Nel fondo della foresta

L'aria si fa sensibilmente più fresca. Il brusio della quotidianità umana è alle spalle. Dalle cime degli alberi giunge un lieve bisbiglio, accompagnato solo dallo scricchiolare dei miei passi e ammorbidito dal suolo muscoso. Le farfalle – cavolaie, cedroncelle, pavonaie – volteggiano lungo la via. Un bombo mi ronza attorno per un attimo. Da lontano viene il ragliare di un asino. Sul ciglio della strada bordata di ortiche e felci è abbandonata una scala da caccia. La luce del sole tesse un tappeto con tutte le sfumature di verde.

Con un'aria così pepata il respiro si fa naturalmente più profondo. È inevitabile sentirsi tutt'uno con la natura. Io stesso sono natura che cammina in mezzo alla natura. All'improvviso inizio a sentire una puzza tremenda di carogna: anche nella foresta, sempre viva, c'è la morte. È il passaggio a una nuova nascita. Per l'essere umano le cose non potrebbero essere diverse. Non è un sapere controllabile, ma qui, in un tempio della natura, questo pensiero diventa una certezza che ci accompagna per tutta la vita.

Immergersi nella foresta: questa è la via per ritrovare la calma. Il nervosismo rimbalza sull'imperturbabilità degli alti abeti e dei faggi, che qui sembrano essere interessati solo a se stessi, mai scalfiti da domande prive di risposta e lontani da ogni problema esistenziale: sono alberi, nient'altro che alberi. Questa è la via per trovare una consolazione: tutto ciò che sembra pesante è ricompreso nella natura, più grande di ogni singolo individuo e più ampia dell'essere umano in generale. Non c'è esistenza umana che sia fine a se stessa, anche se così potrebbe parere quando ci si trova nel cemento delle città e delle anime.

E se la distruzione ecologica non fosse solo un'invenzione dei catastrofisti? E se gli uomini esistessero proprio per distruggere le foreste? Anche in questo caso resterebbe una certezza: la foresta vincerebbe, ricoprendo ogni conquista di cui l'esistenza umana va orgogliosa, ogni ferrovia, autostrada, città, centrale energetica, ogni fabbrica e continuando a regalare un po' di ombra nei cimiteri. Prima o poi l'essere umano verrà ricompreso in una foresta che non conosce morte.

33. Addio a un amico

Il mio migliore amico non c'è più. Se n'è andato all'improvviso. Solo poco tempo fa abbiamo fatto insieme un piccolo viaggio, ma non sapevo che fosse l'ultimo. Per la prima volta dopo molti anni mi aveva fatto conoscere il posto in cui era nato, la casa dei suoi genitori, il suo caffè preferito. Ma non la sua sofferenza. Abbiamo attraversato quei posti senza che io ne sapessi nulla.

Aveva il male di vivere, non riusciva più a trovare un luogo in cui portare avanti la sua esistenza. Non era colpa di nessuno. La medicina classifica questo tipo di sofferenza come "maniaco-depressiva". Ma non credo che la medicina riesca a cogliere tutte le dimensioni dell'essere umano. Ci sono buoni motivi per provare una sofferenza simile, che può essere estranea agli altri. Questo mondo, la vita non sono fatti solo di superficie; c'è anche l'abisso.

Si chiamava Gotthard. Amava molto Hölderlin, filosofo e poeta. Come Hölderlin era molto affascinato dall'antico filosofo Empedocle il quale, secondo la leggenda, si buttò nell'Etna per diventare uno con il tutto. Come Hölderlin, e come Empedocle, anche Gotthard passava molto tempo nel giardino ai margini dell'abisso. Sapeva che gli esseri umani possono trascorrervi solo un certo tempo e lo amava con tutto il cuore. Sapeva anche che vivere può significare perfino essere in grado di porre fine a questo tempo se la sofferenza diventa atroce. Per lui la morte non era un pensiero terribile.

In quel momento non ha pensato che assieme al suo dolore non sarebbe finito anche quello dei suoi figli, di sua moglie, delle sue sorelle? Li amava molto e da loro era molto amato. Ma la vita che gli stava di fronte non significava più nulla: sempre più spesso viveva in spazi angusti che rubano la libertà e prendeva sempre più medicine che cambiano quello che abbiamo dentro. Non poteva fare altro.

La libertà è questo? Non lo so. So solo quello che è accaduto. Gotthard aveva di fronte un vulcano. Un bellissimo paesaggio, in una valle piccola e stretta su cui era stato costruito un alto ponte. Voleva tornare alla natura. Alla fine tutto è segnato. Amico mio, mi fa male non poterti più vedere. Ma non posso piangere, perché so che ora sei a casa.

34. Sul monte

Un mare di stelle sopra di me. Il rosso Marte splende al punto da poter essere scambiato con un rifugio montano. Sotto di me un'infinita catena di luci che si riflette sulla superficie di un lago a segnare la sua riva. E io, qui in alto, su una terrazza che gli sta sopra. In lontananza si sentono le campane delle mucche. Qui dietro, invece, il rumore di un generatore di corrente. Spira una brezza leggera e fresca. Cresce in me un senso di sublimità, sul rumore, sul caos, sui litigi. E l'impressione forte che ci sia qualcosa oltre la dimensione umana tocca le profondità del mio animo.

I pensieri si espandono e vagano nel passato, sempre più indietro nel corso della storia. Da dove vengo? Da dove proviene il masso su cui sono seduto? È la trasformazione evidente di una storia che narra lo sgretolarsi di una montagna, lentissimo e tuttavia inesorabile, un fatto che è già accaduto e continua ad accadere. Una piattaforma continentale si sovrappone a un'altra nel giro di milioni di anni e il punto di sutura di questo movimento mostruoso e impercettibile è il grandioso paesaggio montuoso che lo circonda. Dalle montagne, un tempo molto più alte, scendeva un potente fiume che nel corso di un tempo apparentemente eterno ha scavato da solo la valle che ora vedo, come in un quadro, sotto di me, solcata ormai soltanto da un rigagnolo.

Per l'occhio dello spirito l'impetuosa storia geologica si è placata solo in parte ed è bello vedere come inizia a crescere la vita, nella forma del muschio che striscia lungo i sassi o in quella di microorganismi che si inoltrano per le scalfiture di una pietra. Posso rappresentarmi fisicamente il corpo massiccio dei dinosauri che escono dalla foresta al crepuscolo. Solo molto più tardi, solo molto avanti in questo racconto spuntano l'uomo e la sua cosiddetta "storia" – un attimo minuscolo in questo tempo infinito.

Questa evoluzione porta qui, dove sono seduto io, senza che qualcuno se lo sia posto come scopo. Sono circondato da pietre rugose e mi sento protetto in queste pieghe della terra, godendomi lo sguardo dall'alto, che si distende ampio sul cielo stellato sopra di me e sulle cose umane sotto di me. Non posso far altro che stupirmi di tutto questo e inalare profondamente la fragranza di questa aria fresca e saporita.

35. Una notte spaziale

Il caldo non vi fa dormire nemmeno stanotte? No, non avete bisogno di sonniferi. Dormire di notte è un peccato. Accendete la TV. Meglio se è tardi. Troverete, ogni notte, da molti anni e speriamo per sempre, la *Space Night*, un programma della Televisione Bavarese. La trasmissione erotica che si trova qualche canale più in là non può competere.

Se avreste sempre voluto salire su uno shuttle aerospaziale, ma non volete rischiare nulla, *voilà*: stiamo volando su Napoli. Sotto di noi il corpo conico del Vesuvio. Dopo uno o due minuti possiamo gettare uno sguardo sul Nilo, sul Mar Rosso e sul deserto arabico. Intanto incontriamo bizzarre formazioni nuvolose. Da qui si domina il pianeta su cui posiamo il nostro sguardo e che è dominato da enormi superfici d'acqua. Interessante. Solo l'oceano Pacifico occupa un terzo del globo.

C'è una voce che ci guida sulle terre e sui luoghi che stiamo sorvolando. Il nostro movimento in orbita sembra avere un contegno maestoso e meditativo, ma in verità con questa nave spaziale facciamo il giro completo del mondo in novanta minuti, a una velocità mozzafiato. Particolarmente nitide risultano la filigrana dei corsi fluviali, la schiuma bianca delle coste, le sfumature turchesi del Mar dei Caraibi e quelle del

Pacifico, le pieghe finemente cesellate dell'Himalaya. Quasi che aumentando adeguatamente lo zoom possiamo contare una per una le pecore di tutto il pianeta, e forse anche ogni pelo dei loro velli.

Grazie alla *Space Night* ci esercitiamo a osservare il nostro pianeta dall'esterno: questo è il frutto di una notte insonne. E siccome siamo noi gli abitanti di questo pianeta, la *Space Night* ci permette di guardare dall'esterno anche noi stessi, un esercizio standard dell'arte di vivere noto già alla filosofia antica, che certo non aveva simili strumenti tecnici. Questo sguardo spaziale mi è costato già parecchie notti insonni. Posso dire che di notte sono letteralmente diventato cittadino della Terra. Non abbiate paura della prossima notte in bianco. Benvenuti nel club!

36. In orbita

Salite, prego, si parte! Il veicolo cigola un po', ma poi prende velocità. Volete circumnavigare la Terra almeno una volta nella vita senza volare nello spazio? Berlino ve ne dà la possibilità, perché Berlino si trova subito sotto le stelle. Si sa che le stelle si muovono in orbite circolari e questo sentimento orbitale è offerto anche dal nuovo raccordo anulare berlinese. Non si tratta di un'autostrada, ma di una ferrovia metropolitana che compie un percorso circolare, girando attorno al centro di Berlino ogni dieci minuti, la linea 41 in senso orario e la 42 in senso antiorario, entrambe annunciate come *Ring*, 'anello'.

I cattivi hanno sempre detto che Berlino gira su se stessa, ma ora lo fa davvero. Questo giro è stato chiuso di nuovo nell'estate del 2002. *Di nuovo*, perché questa grande conquista fu distrutta dalla guerra di cui Berlino stessa fu responsabile. Gli anziani ricordano ancora come venivano "coccolati" dal moto circolare del vecchio *Ring*: un lungo abbraccio al prezzo di un biglietto dell'autobus. E oggi invece è assalito dalla massa perché permette di cambiare in ogni momento. Finalmente si può dire davvero che Est e Ovest possono crescere insieme. Nel giro di qualche anno il *Ring* è stato ripristinato al prezzo di molto lavoro e di un costo terribile.

Facciamo un giretto. È un sentimento, per così dire, interessante salire alla stazione di Jungfernheide per andare a Est e più o meno dopo un'ora in orbita (un po' meno del tempo che un razzo impiega a fare il giro del mondo) ritrovarsi al punto di partenza arrivando alla stessa stazione provenendo dall'Ovest. Questa rappresentazione non è esteticamente pregevole: la visione che si ha da un finestrino della ferrovia metropolitana non può competere con quella dei pianeti blu. Non ci sono profili degni di essere ammirati, ma solo campi a maggese, boschetti o binari morti. Soltanto qualche centro commerciale rompe l'uniformità.

Ma l'urbanità ha bisogno di questo girare su se stessa, che favorisce un momento di pausa dalla concitazione quotidiana. Una parte costitutiva di una vita equilibrata è senza dubbio la possibilità di coltivare, accanto alla direzione della vita lineare e orientata al raggiungimento di un obiettivo tipica della cultura moderna, anche elementi ciclici propri di culture pre- o non moderne. Il misto di linearità e circolarità che la caratterizza rende la vita in città davvero degna di essere vissuta.

37. Adornarsi la vita

Il sole di mezzogiorno brucia la piazza del Duomo, antico e venerabile. La gente si raccoglie sotto alberi o grandi ombrelloni gialli a bere, a mangiare, a divertirsi fino a tardi allettata dalla latitudine delle "notti bianche". Non ci sono più le tracce di quando è finita la Perestrojka, dei giorni in cui questa piazza era sotto tiro e le persone speravano di salvare la loro libertà dietro sbarramenti di cemento armati di filo spinato. Questa è la piazza del Duomo a Riga, la capitale della Lettonia.

La vita trionfa sul tentativo di distruggerla e fa sbocciare nuovi fiori. I lettoni, popolazione gioviale del Mar Baltico (che in Europa occidentale si chiama anche "mare dell'Est"), hanno ritrovato la loro combinazione ideale di amore per la vita e industria pesante. Questa, unita all'amore per il dettaglio artigianale, ha portato alla ricostruzione del magnifico centro storico Jugendstil. Qui l'architettura, proprio nel senso dello Jugendstil, non coincide con la sua funzione, ma ha in sé qualcosa di prezioso. Anche i grandi e piccoli parcheggi, un tempo abbandonati, sono nuovamente ingioiellati e curatissimi.

Nei mille tentativi di ingioiellarla, emerge l'amore per la vita, evidentissimo nei mazzi di fiori venduti a ogni angolo di strada. Alle cose della vita quotidiana viene tradizionalmente lasciato uno spazio maggiore che in qualunque altro luogo. E anche la valorizzazione della moda è enorme in una città dove sono riuniti gli atelier di tutti gli stilisti del mondo. La moda, le cui creazioni sono visibili passo dopo passo, rientra nelle attività locali e, anche per mancanza di mezzi, è spesso povera ma mai priva di gusto.

Tutti sanno che il lavoro è necessario per un progresso individuale e sociale. Eppure nessuno ha mai pensato di esaurirsi nel lavoro e renderlo l'unico scopo della vita, mentre potrebbe esserlo ingioiellarla. L'utile per amore del bello. Questo porta a una notevole valorizzazione dell'arte, di ogni arte, come testimonia l'*Aida*, in scena stasera al Teatro dell'Opera, che è pure in Jugendstil. Il senso della vita consiste nel semplice rallegrarsi per qualcosa di bello. Le cose rimarranno così se questa piccola nazione entrerà a far parte della modernità occidentale?

38. Paesaggio estivo

Non si può vivere senza bellezza. Ma dove possiamo trovarla? Ad esempio in un paesaggio. Il mio preferito è una pineta che si trova sulla spiaggia del "mare dell'Est". Me la godo ogni volta che ce l'ho davanti e la porto nei miei pensieri quando ne sono lontano. Attraversando i ceppi nodosi lo sguardo si apre sul mare aperto. La mattina presto rallento il passo respirando profondamente l'aria profumata. Il mare sta muto nel sole del mattino, le onde che si infrangono ritmicamente sulla costa e si spengono delicatamente sulla battigia. All'orizzonte il blu chiaro della sua superficie trapassa impercettibilmente nell'atmosfera che la sovrasta.

Mi siedo sulla panca rustica verniciata di bianco che non può mancare in una scena del genere. I passanti, troppo impegnati per guardare questo paesaggio fenomenale, non possono prestare attenzione a un pettirosso che vola indisturbato. Per fortuna, il caso o forse solo il calcolo economico hanno fatto in modo che una caffetteria posta in una posizione strategicamente conveniente renda più agevole la permanenza in questo luogo. Posso sedermi, sorbire un caffè abbastanza cattivo e tuttavia da bere intensamente con gli occhi: come le navi bianche che, all'orizzonte, attraversano lentamente pino dopo pino questa prospettiva.

Verso sera l'aria fragrante si colora di un rosso leggero e di rosso sembrano rilucere anche i tronchi dei pini prima di sparire fino al mattino successivo. La bellezza è quasi kitsch. Ma il massimo è quando arrivano le nuvole e tutto diventa tristemente grigio. Certo, si può disputare sul pregio estetico di questo cambiamento. Ma in ogni caso si trova improvvisamente posto ai tavoli migliori del caffè, vicino alla finestra, e anche sulle migliori panchine. Le onde rullano schiumanti in una sequenza infinita schiantandosi sulla riva. Quando dal locale esco nella tempesta, il mio volto si offre alla pioggia sferzante, mentre ogni poro della mia pelle si gode ancora il caldo benefico custodito nella parte più profonda delle mie guance, che altrimenti darei per scontato.

Questa è la pace più pura, che corrisponde a una pacificata soddisfazione, perché il paesaggio è specchio dell'anima. Non avrebbe senso aspettarsi dalla vita che le cose vadano sempre così. Una buona parte del suo senso consiste proprio nel fatto che sulla Terra esistano angoli e macchie tanto belli.

39. Tristezza dell'arrivo

Conoscete anche questo sentimento? È una tristezza notevole, che colpisce proprio quando si arriva, per esempio alla stazione. Non ci si raccapezza subito. L'ambiente è molto poco invitante. Non c'è nessuno a prenderci per mano aiutandoci a muovere i primi passi. C'è il fetore della città e non lo splendore di cui abbiamo letto o sentito tante volte. All'aeroporto è ancora peggio. Una montagna funzionale senza carattere. In contrasto con l'ampiezza del cielo non può comunicare alcuna stabilità. Ci fa sentire soltanto sperduti.

Questa tristezza non ci coglie solo quando giungiamo alla meta di un viaggio, ma perfino tornando a casa. Il motivo è che si torna da una dimensione più ampia, che per esempio caratterizza un viaggio, a un mondo più ristretto. L'ampiezza si dà solo quando ci si trova "fuori", cioè quando l'insieme delle nostre possibilità è limitato dalla realtà della nostra esistenza abituale. E spesso questa concretezza non corrisponde alle rappresentazioni che ce ne siamo fatti standone a distanza. L'ideale viene assorbito dal reale.

Ora dobbiamo nuovamente "entrare nel ritmo" della vita che domina in questo determinato luogo. Un ritmo c'è sempre. Dobbiamo sempre corrispondere alle aspettative degli altri, date ormai per scontate. E gli altri si aspettano e pretendono sempre qualcosa da noi. Non è necessario fargliene una colpa, perché anche noi ne abbiamo nei loro confronti. Ci aspetta di nuovo la quotidianità piccola piccola. Ci inghiotte la forza di gravità dei vari rapporti. L'inerzia statica ingabbia il nostro movimento. I lavori alla scrivania, o la cura della casa, non si sono fatti da soli, lo capiamo appena apriamo la porta. Bisogna essere immediatamente presenti a se stessi, ma la testa è ancora altrove.

La tristezza dell'arrivo: il fenomeno diventa quasi insopportabile perché riguarda ogni obiettivo da raggiungere e non solo la fine di un viaggio. La nostalgia dell'ampiezza è la ragione di ogni nostra pausa, sempre e ovunque. Senza riflettere sul fatto che ogni interruzione implica comunque un ritorno, una ripresa. L'arte di vivere consiste nell'imparare a viversi questo tipo di tristezza – ma anche nel saper creare sempre nuove interruzioni.

40. Politica dell'arte di vivere

Ci accoglie un caldo rovente. Il vento attizza ulteriormente il fuoco. Attorno alle colline riarse dal sole soltanto qualche singolo albero o in gruppi stentati. Le scritte che incontriamo sono in cirillico; la lingua parlata è simile al bulgaro o al serbo. Siamo a Skopje, la capitale della Macedonia. Procediamo verso ovest, in direzione di Ohrid (che si pronuncia *Ochrid*), una città in cui si ergono alti minareti bianchi sullo sfondo di scure montagne: i musulmani che vivono qui costituiscono la minoranza albanese della nazione. Dopo un viaggio di ore lo sguardo può finalmente posarsi su campi di cereali di colore rosso brillante per via dei fiori di papavero e sulla superficie blu tenero del lago di Ocrida, grande e bello come quello dei Quattro Cantoni, e similmente accerchiato dai monti.

Un luogo che esprime l'arte di vivere? La vita si colloca tra rapporti che influenzano direttamente o indirettamente le sue condizioni e le sue possibilità. Con la liberazione di Ocrida nel 2001, anche grazie all'aiuto dell'Europa, si pose fine in Macedonia a una guerra tra cristiani e musulmani che non era mai iniziata davvero. E di fatto è stato possibile, con i soli strumenti della politica, restituire agli uomini di questo paese la possibilità di dare una forma alla loro vita.

A questa politica si dedicò chi sapeva che il destino dell'Europa si decide ai suoi margini, dove è maggiore il potenziale esplosivo. Trovare interesse in cose del genere rientra nella politica della vita di molti individui e c'è un motivo: chi non se ne interessa dovrà convivere con conseguenze che non ha voluto. Le connessioni che determinano la vita individuale non sono solo quelle della famiglia e della casa, ma anche quelle del continente e di quanto si trova oltre esso.

È molto importante conoscere queste connessioni già in piccolo e in privato. Ovviamente è già qualcosa farlo per motivi puramente umanitari. Ma la politica privata della vita non può mai essere completamente priva di interesse personale. Qualcuno, nell'Europa occidentale, potrebbe forse domandarsi perché bisogna investire nelle repubbliche della ex Iugoslavia. Poi, quando si capisce che si tratta di posti dove trascorrere piacevoli vacanze, il problema si dissolve.

41. Arte di vivere ed ecologia

Sono immagini impressionanti: bisogna imprimersi nella mente il modo in cui le case di una nazione vengono travolte dall'acqua ed è necessario chiarirsi che, una volta o l'altra, a essere travolta sarà casa nostra. Si diventa consapevoli del fatto che la vita umana non cammina con le sue gambe ma, nel bene e nel male, è definita da nessi ambientali. Arte di vivere significa esserne consapevoli e orientare la vita in una direzione corrispondente a questa coscienza.

Non è lo "Stato" a dover imporre un'impostazione ecologica della vita, siamo noi a doverci rendere disponibili, per esempio, a disboscare con maggiore attenzione le nostre abitudini quotidiane. Molte di queste abitudini sono ecologicamente significative, a partire dal gesto con cui accendiamo la luce non appena si fa sera. Servono davvero tutte queste lampadine? Ed è necessario perdere completamente l'abitudine di spegnerle?

È già abbastanza strano che molti uomini siano ben poco interessati alla bolletta della luce e ancora più strano è il fatto che nessuno si ponga il problema della provenienza dell'energia che consuma e che deriva per lo più da centrali elettriche a carbone, olio o gas, le quali, oltre all'energia, producono anche il monossido di carbonio che contribuisce in maniera essenziale ai mutamenti climatici. Finché non si potrà ottenere la maggior parte dell'energia da fonti rinnovabili, risparmiarne un po' sarebbe già molto.

Non è necessario promulgare delle leggi in questo senso, ma sta a ciascun individuo capire che la sua identità ha anche un impatto ecologico. Se consapevole è una vita condotta nella moderazione, allora consapevole sarà anche una vita attenta alle risorse e alle tecniche sostenibili dal punto di vista ambientale. La vita umana non può mai essere pienamente ecologica, ma è importante sapere che gli interventi dell'uomo sulla natura sono sostenibili solo nella misura in cui si rivelano coerenti con l'equilibrio che la caratterizza.

È possibile assumere abitudini diverse e comportamenti alternativi facendoli diventare la nostra "seconda natura". Né la politica né l'economia possono impedircelo. Ed è molto meno difficile trovare il coraggio di sedersi di fronte al televisore e stare a guardare.

42. *Così è la vita*

Disperazione è una parola troppo forte. Chi abita in una grande città è troppo smaliziato per potersi ritenere disperato. Ma di certo è senza speranza. È sorprendente vedere come il vestito a fiorellini che svolazza attorno alla sua figura magra formi una curva all'altezza dello stomaco. Cinque mesi. Mareike, come si dice, è in "dolce attesa". La giovane donna guarda irritata nel vuoto, non riesce a trovare una spiegazione. Diamine! Uno dei tanti appuntamenti senza prendere precauzioni – sarebbe stata una cosa senza sentimento.

Se va avanti così..., si dice guardando nel vuoto. Avrebbe voluto aspettare ancora, finché non avesse avuto trenta o trentadue anni. Se le cose non fossero cambiate si sarebbe fatta sterilizzare. Suona quasi come una minaccia. Ma contro chi? Contro il destino? Vicino a lei siede la figlia di tre anni, tutta assorta a giocare con la sua bambola. Entrambe trascorrono qui le loro giornate, dalla mattina alla sera, fuori o dentro. È il loro bar. Qui passano la vita. Anche al centro di una città il mondo è un paesino. Si sta insieme agli amici e, a volte, arriva qualcuno di passaggio.

Ovviamente la soluzione sarebbe semplice. Ma Mareike non riesce a pensare di rinunciare completamente agli uomini. Però non si può andare avanti così. Tutto si consuma nel giro di qualche notte. Arrivano come un agente atmosferico e se ne vanno quando vogliono, senza avvisare. E a quel punto bisogna pensare alle conseguenze. Mareike non parla di ingiustizia, questa categoria non le appartiene. Un temporale estivo non potrebbe mai essere definito ingiusto perché bagna arbitrariamente la terra su cui si abbatte. Piove, punto. Così è anche la vita.

Cosa si può fare? La ragazza è sorpresa da questa domanda. È chiaro che terrà il bambino. Starà seduto vicino a lei nell'amato bar e passerà il suo tempo a giocare assorto. Forse ne avrà ancora un altro. E farà quello che ha già fatto. Si può vivere anche così. La vita è un fiume lungo e tranquillo.

43. Imparare a ballare

Il maestro dice che ballare è molto semplice: basta sollevare prima una gamba, poi l'altra, mai tutte e due insieme. Ottimo! Cominciamo.

Chi impara a ballare prende contatto per la prima volta nella sua vita con la forza di gravità, che attrae tutto verso il basso e frena tutto. Le gambe sono pesanti e chissà quante cose sono finite nelle sue voragini, quali pesi sono scivolati dall'anima al corpo. La danza è un gioco di potere contro il peso e contro la forza di gravità. Dapprima il corpo freme quasi senza controllo, poi gli arti prendono il ritmo finché non capiscono che stanno giocando con il loro stesso peso. Ballare permette di elevarsi, almeno per un momento, dalla pesantezza dell'esistenza alla leggerezza dell'essere.

Dove si trova in questo momento una certa parte del corpo? La danza fa crescere l'attenzione verso noi stessi. E quella verso gli altri? Aumenta in maniera inversamente proporzionale alle urla di coloro ai quali pestiamo i piedi. Nel ritmo si possono trovare progressivamente le tracce di tutto e tutti, si fa esperienza stando assieme ad altri e ci si può sentire annichiliti fluttuando assieme a loro. Uscire da sé, oltrepassare i limiti ordinari del sé. È un estenuarsi bellissimo, che resta tale anche quando le gambe cominciano a far male. È un magnifico sentimento di espansione e di pienezza.

La danza è grazia, leggerezza, libertà, bellezza. Farlo con qualcun altro è arte del contatto. Da qui la gioia dei ballerini, evidente soprattutto nel tango, che in latino significa 'tocco', 'entro in contatto', 'palpo'. Da questo punto di vista avremmo trovato una nuova formula per sintetizzare l'esistenza umana: *tango ergo sum*, 'tocco dunque sono'. Attraverso il contatto con altri vengo a mia volta toccato.

Con quello del corpo, anche l'anima trova il suo equilibrio. Il movimento arriva al cervello e iniziano a ballare anche i pensieri. Lo spirito, che non pensa più sotto pressione, ma si gode la rilassatezza che deriva dal movimento, ha molto da guadagnare. Questo è il motivo per cui perfino un filosofo del calibro di Nietzsche era ossessionato dall'idea di imparare a ballare. Purtroppo, però, Nietzsche voleva iniziare dallo spirito. Partendo dal corpo è più semplice: prima la sinistra, poi la destra. Solo muovendo tutte e due le gambe insieme si rischia di cadere.

44. Facciamo i bagagli, finalmente

È fatta: possiamo fare i bagagli. Il momento è promettente, perché propizia le vacanze. Andare in ferie è un sogno, fare i bagagli un incubo. Ma spesso la vita esige che il piacere metta in conto qualche fastidio. Sarà forse tutto più semplice pensando che fare i bagagli sia un gesto tipicamente filosofico. Come per la filosofia, anche in questo caso si tratta di rispondere alla domanda: che cosa è davvero importante, che cosa è essenziale? E non rispetto a una cosa qualsiasi, ma alla nostra vita. Ne va di noi stessi.

Bisogna metter dentro ciò che costituisce la nostra radice, e lasciare a casa tutto ciò che può essere considerato periferico. Così possiamo scegliere noi stessi nello stesso momento in cui scegliamo che cosa portare con noi. Quella delle ferie è la situazione appropriata per svolgere questo ottimo esercizio. Dunque: lo spazzolino è una certezza. E poi? La biancheria – quella più comoda o quella più sensuale? In vacanza, non si sa mai… Vestiti? È meglio portare un paio di varianti. Cosa faremo e per che cosa, invece, non ci sarà tempo? Chi vorrà giocare con i figli deve portare due o tre giochi. Leggeremo assolutamente un libro, ma quale? Siccome non si può decidere tutto, sarà opportuno portarne quattro o cinque per avere un minimo di scelta.

Bisognerà, poi, praticare uno sport, perciò dovrà trovare spazio anche l'attrezzatura necessaria. E tutto questo implica domande rivolte a se stessi: ne ho davvero bisogno?

In un processo che sembra una tortura si manifestano pro e contro. Che cosa lasceremo a casa? Le brutte esperienze più fresche, questa o quella lite, la propria intolleranza. E, siccome i soldi non vanno sprecati, bisogna perfino determinare i sogni da portare con sé.

Finisce come sempre finisce anche la filosofia: si mette dentro tutto finché c'è spazio, e cioè troppo. Poi si chiede aiuto. Uno si siede sopra e l'altro tira con forza la cerniera. Il tutto appare un po' gonfio, ma comunque impacchettato. Valigia chiusa e problemi aperti. Si può partire.

45. Godetevi le vacanze

Finalmente le meritate ferie. Come è diverso il mondo da qui! La vacanza impone sempre di esercitarsi a volgere uno sguardo dall'esterno a se stessi. Una parte di noi resta nella vita quotidiana e può essere considerata da una prospettiva diversa. Normalmente questo sguardo su se stessi è molto astratto, ma ora, dalla distanza, se ne può fare concreta esperienza. Anche in vacanza c'è qualcosa da fare e che non è possibile evitare.

A rigore si tratta di un'anomalia della vita moderna. È chiaro che il concetto di ferie è molto particolare. Vi immaginate un Sioux che, mentre è a caccia, guarda l'orologio, mette da parte arco e frecce e dice al suo collega: «Il mio turno è finito, devo staccare per un paio di giorni». In epoca moderna è impossibile rinunciare alle ferie. L'enorme logoramento della forza-lavoro impone un riposo regolare. È possibile evadere temporaneamente dalla vita moderna e addirittura dalla propria cultura, diversamente alcune forme di vacanza resterebbero inspiegabili.

Ma le vacanze hanno anche la funzione di realizzare il sogno di felicità che caratterizza l'età moderna: scuotersi di dosso, almeno per un momento, la fatica della vita e realizzare, almeno temporaneamente, la "maggiore felicità per il maggior numero di persone". Finalmente è fatta, siamo in vacanza! Peccato che proprio ora nascano molti altri problemi: il cambiamento di luogo elimina il contesto abituale dove non esiste altro che intimità e protezione. Si comincia a litigare, perché finalmente c'è il tempo per farlo. La tensione cade bruscamente: ora non bisogna più difendersi dal rumore, ma dal silenzio.

Tutti i giorni cielo blu, sabbia bianca, acqua verde, ma nessuno può stare in paradiso troppo a lungo. Così rinascono la noia e l'attivismo. Bisogna conoscere questi problemi in anticipo per non subirli troppo. Volete sapere dove trascorro le vacanze? A casa, in città. C'è tanta di quella pace quando tutti sono in vacanza.

46. Vincere sulle irritazioni

Ah, com'era bello! La stessa strada tutte le mattine. Ogni mattina la piccola gioiosa attesa di un piccolo sorso di caffè. Ogni mattina lo stesso posto con le fontane scroscianti sotto gli alti platani. Proprio come

Epicuro, anche se la sedia è di plastica e il vaso di fiori un po' troppo grande. La luce del sole attraversava il tetto di foglie, il vento faceva volare via le prime foglie cadute. Sempre la stessa ordinazione, sempre la stessa cameriera sorridente.

Ma oggi il mio posto è occupato. Il *mio* posto, che schifo! Tutto va a rotoli, la mia giornata, tutta la mia vita. E ora? Come posso continuare a vivere? Sedermi da un'altra parte è fuori discussione, non ci penso nemmeno. Perché non ci si può mai fidare di niente e di nessuno?! Perché c'è sempre qualcosa che si mette di traverso?! Mi è già capitato di avere la luna storta. O che ce l'avesse la cameriera. E mi è anche successo che il caffè non fosse buono come al solito. E pure di dover sopportare il martello pneumatico del cantiere vicino!

E adesso? Qui entra in gioco la vera arte di vivere. Perché arte di vivere non significa solo mettere in ordine la propria vita, ma anche – quando questo ordine è stato conseguito – lottare con gli inevitabili fastidi che ne fanno parte. La partita resta quella della vita, ma quest'ultima non rimane sempre identica a se stessa. Ci sono fastidi importanti che non possono essere dominati. Ma che cosa succede quando le piccole cose mi saturano fino a questo punto? E se diventassi una donna? Ho notato che le donne riescono a gestire le irritazioni, anche quelle più forti, meglio degli uomini e sentirsene stimolate.

Questa la posta in gioco di questo caffè! O resto fermo alle mie abitudini, o provo a fuggirne. Potrei innanzitutto vagare un po', senza meta, guidato dalla certezza che si apriranno nuovi orizzonti, che la vita mi ha preparato anche altri angoli, diversi da quelli che già conosco. Bisogna ampliare gli orizzonti! Il pendolo della vita deve oscillare sempre di più. Guarda guarda... Un caffè carinissimo sulla strada, con comodissime sedie di plastica, vicino un vaso di fiori troppo grande. Mi butto. È qui che voglio sentirmi a casa. Almeno fino alla prossima volta.

47. Elogio della noia

Vi annoiate? Consolatevi. La noia può colpire chiunque, in ogni momento, quando si aspetta l'autobus, quando si è a casa da soli, a scuola, a un concerto, sul posto di lavoro, quando ci si diverte. A volte si abbatte su di noi perfino quando facciamo l'amore. Un film dura due o tre ore. E poi? L'impatto assunto dalla "cultura degli eventi" è una traccia fedele di quanto oggi la noia faccia paura. E paradossalmente anche del fatto che cresce al pari dell'intensità delle esperienze che dovrebbero ammazzarla.

Una volta la noia era una prerogativa della vita oziosa condotta dai nobili. Oggi, invece, rappresenta un fenomeno di massa. Forse si tratta del prezzo spiacevole dell'aumento delle comodità della vita, inevitabile in una società che non si preoccupa più di ciò che è strettamente necessario, lasciando spazio all'angoscia esistenziale. Per molti la noia ha una dimensione metafisica e si trasforma in un senso di nullità dell'esistenza e del mondo intero.

Perché elogiare la noia? Innanzitutto perché è una fonte di ispirazione inesauribile. Apre un vuoto in cui possono confluire molte cose: pensieri mai pensati, incontri fortuiti, esperienze sorprendenti, immagini nuove, idee acute, legami, connessioni che restituiscono un senso imprevisto. E tutto ciò che a lungo e lentamente confluisce nel vuoto definito dalla noia ne sgorga di nuovo e inaspettato. Basta che il vuoto sia effettivamente tale e che non venga riempito precipitosamente di elementi noti o con i diversivi offerti dall'industria della noia.

Sopportate la noia solo per un po', godetevi questa condizione se volete farla diventare produttiva. Imparare a volere una noia che si presenta contro la nostra volontà significa trovare l'ampiezza dell'ozio: essere capaci di crogiolarsi in uno stesso posto, con un essere umano, con un pensiero – o anche con il nulla. Così diventano possibili la riflessione e la previsione, cioè le basi dell'arte di vivere. Consumare la noia significa trasformarla in riflessività. Ci resta solo questa speranza.

48. Ritorno alle origini

Le vacanze sono ormai alle spalle. L'aereo sta atterrando. Il pensiero di tornare al vecchio ritmo quotidiano magari non è il massimo. Eppure, forse vi fa piacere tornare a ciò che conoscete dopo aver visto l'ignoto. Qui potete valutare meglio le cose della quotidianità, gli incontri, le esperienze che caratterizzano la vostra vita. La vostra patria è il luogo che conoscete meglio, dove comprendete i significati delle cose, anche quelli impliciti. Il luogo in cui non dovete affannarvi in continuazione per interpretare qualcosa solo per capire – eterna vanità – di aver ignorato la cosa più importante.

Qual è il significato di un sorriso? È autentico o è una forma di cortesia? Vi viene attribuito subito qualcosa che non avreste mai voluto avere. Che cosa significa aggrottare la fronte? È un atteggiamento ironico o tradisce un malumore? Come interpretare un silenzio? Qualcuno è d'accordo con voi o no? È un biasimo o una forma di benevolenza? A che gioco stiamo giocando? Sono situazioni di cui è sempre necessario venire a capo ma che, quando ci si trova fuori, non possono essere interpretate come quando si sta a casa. La nostra patria, il nostro luogo d'origine, è quello in cui sappiamo "leggere tra le righe".

In linea di principio la patria è ermeneutica, cioè è il frutto di un'arte dell'interpretazione e della ricerca del significato. Da qui nasce il senso di fiducia e protezione, tipicamente legato al luogo da cui proveniamo e che non è paragonabile a quello che possiamo ottenere stando altrove. L'essere umano cresce per molti anni in un insieme di usanze e di sfumature interpretative e semantiche che hanno a che fare con gesti, discorsi e silenzi, immagini e segni. Tutto ciò che può significare "patria" è funzione di questa base ermeneutica. Sono a casa là dove posso comprendere tutto.

Questo fenomeno può essere inteso nella maniera più chiara proprio dopo un periodo di distacco, quando non si rinuncia ad altro che a ciò che ci si impone non appena tornati a casa: qui più che altrove si è in grado di capire e di essere capiti. Certo, non si sta parlando di una comprensione assoluta, ma solo di quella abituale e affidabile: godetevi questo momento felice, che ben presto verrà nuovamente sommerso dalla quotidianità la quale vi indurrà a riporre, ancora una volta, l'idea di normalità e di affidabilità nella nostalgia per ciò che si trova lontano da voi e che vi è estraneo.

49. Sul campo di calcio

Partiti! La settimana è stata infinita, ma ora si può finalmente andare allo stadio, che emozione! Intorbiditi dalla consueta frustrazione alla cassa, una fila lunghissima per un biglietto dal prezzo vergognoso. Ma l'arena enorme ci accoglie, piena di striscioni colorati e di cori fortissimi. Qui l'esistenza insensata finisce e inizia una nuova vita, ci crediamo subito e fermamente, già al primo contropiede della "nostra" squadra.

Chi gioca contro chi? "Noi" contro "gli altri". Il calcio non si gioca solo sull'erba, ma nel petto di ciascuno. Dentro di me i miei organi e i miei pensieri, i sentimenti e i muscoli, formano squadre che si fronteggiano. Io stesso sono in campo e i giocatori che corrono sul campo corrono anche dentro di me. Naturalmente voglio vincere contro me stesso. E ogni volta, in me, come laggiù in campo, arrivano tachicardia, mal di testa e, se non faccio i salti di gioia, anche l'arsura.

Vincere su me stesso? Chi vince su chi? Deve vincere il lato in cui mi riconosco meglio su quello di cui non voglio sapere nulla. Da qui la furia animalesca e la fredda rabbia quando le cose vanno male. Quando il pallone affonda nella rete sbagliata si diffonde il terrore. Mi sfugge un grido per un'occasione mancata sotto la porta avversaria. Dopo una bella giocata mi do un pugno sul ginocchio facendolo scricchiolare. Mentre sono in svantaggio la delusione è terribile. È così anche per voi? Il vero campo da gioco siamo noi stessi. Bill Shankly, l'ex allenatore del Liverpool, lo ha capito dicendo che il calcio non è una lotta per la vita, ma «molto di più». È vero. In gioco siamo noi stessi.

E oggi sarà come sempre: già nel primo tempo iniziamo a presentire che "non va". Pensavamo di vedere un colpo decisivo, ma cadiamo nella tipica depressione da secondo tempo. E quando lasciamo lo stadio è chiaro che dobbiamo riprendere in mano la nostra vita. Noi, e chi altro se non proprio noi? Iniziare da subito: amara consapevolezza, tragedia della vita. Sempre così, tutte le settimane.

50. La mia Capri

Finalmente mi siedo al mio posto preferito proprio sulla costa. Il cielo blu si inarca sopra di me. L'acqua brilla migliaia di volte sotto il sole. Le palme, i cipressi, il panorama dal sentiero che scende sull'acqua, la pace paradisiaca. Tutto questo rende Capri meravigliosa. Ma questa Capri non sta sotto il sole del Sud. E non si trova sul mare. E non è un'isola. I "cipressi" sono pioppi magrissimi, non proprio pittoreschi come quelli originali. Siamo a Kehrsiten, sul lago dei Quattro Cantoni, in Svizzera. Tutti vogliono prendere la cremagliera per salire al castello. Io no. Io mi accaso qui giù.

«Per favore sparecchi lei», dice con modi rustici la cameriera, che mi ringrazia anche per iscritto e – che donna! – mi disegna perfino un cuoricino. Normalmente sta dietro al bancone e forse è troppo lenta, ma qui ci si serve da soli e si sta seduti tutto il tempo che si vuole sotto gli alberi sulla riva del lago. Tutto questo fa pensare addirittura all'autosufficienza spirituale, garantita inoltre da una cesta di libri economici. Chi vuole può mangiare un *Wurst* di vitello, sufficiente per il sostentamento fisico, mentre per necessità superiori sono disponibili gli alberghi dove ci sono pure le palme, piantate in grossi vasi.

Guardo l'acqua per ore e sorseggio una tazza di caffè. Il pescatore di Capri viaggia silenzioso verso il suo sport con la canna e il gozzo, salutato in lontananza dal pallone dell'azienda svizzera per il traffico. L'acqua è così cristallina, l'aria è così delicatamente tiepida, propio come sul Mediterraneo. La mia Capri è un posto divino. Qui posso essere felice. Il biglietto del battello che parte da Lucerna, necessario per raggiungere questa Capri, è ancora più economico di un volo low cost per Napoli, anche quando è a metà prezzo.

Pensate di andarci? Non aspettate! Dall'inizio di ottobre, e per tutto l'autunno e l'inverno, il battello si ferma. E Capri diventa un mortorio. Se non avete tempo, non disperatevi: Capri è dappertutto. Basta un po' di immaginazione.

Pensieri autunnali: quando arriva la tristezza

51. Chi non ha una casa

«Signore, è ora. L'estate è stata lunga». Quando scrisse i versi di *Giorno d'autunno*, Rainer Maria Rilke avrebbe dovuto vedere l'estate del 2003. Ma le giornate autunnali non sono tutte una poesia? Il fruscio delle foglie cadute a ogni passo. Qualche albero già spoglio, qualche altro che brilla meravigliosamente nel suo splendore autunnale. I colori dell'autunno sono marrone e oro: oro per la ricchezza, marrone per la maturità. Una pienezza ricca e matura, raggiungibile solo nel corso di un intero anno. Proprio come la pienezza della vita che è una lunga strada.

«Ordina ai frutti tardivi di essere perfetti». La riflessione sulla vita è un frutto autunnale, nato dalla bellezza della contingenza. L'autunno è il tempo per guardarsi indietro, all'anno che sta passando, così come a tutta la vita vissuta fino a questo momento. È il tempo della melanconia, si rivivono odori passati, volti già visti. È il tempo per calmarsi e tornare a guardare in se stessi. Il movimento opposto all'uscire fuori di sé tipico della primavera. L'autunno è un sentire profondo che intuisce il circolo dell'eterno ritorno su cui forse si basa l'intera esistenza: nulla passa mai davvero. Le foglie cadute sono l'humus per lo sbocciare della primavera. Guardare in faccia la caducità è tanto bello quanto doloroso.

«Chi ora non ha una casa non può costruirsene una». Rilke sembra dire che può considerarsi felice chi è a casa presso se stesso: può riscaldarsi al focolare della sua interiorità, essere circondato da pareti rassicuranti, essere ben preparato al freddo tagliente che sta arrivando.

Eppure, più che in altri momenti, si sente perso e anela all'abbraccio di qualcun altro, nel quale potersi salvare, almeno per un momento. Felice, quindi, è chi non è solo: chi si avvicina all'altro, scivolando dentro di lui e trovando quella protezione che contrasta il suo spaesamento.

«Chi è solo adesso, lo rimarrà a lungo». Non è una profezia. Non è il poeta a dire se andrà così, ma chi sta diventando poeta della sua stessa vita sforzandosi di creare versi capaci di scaldare due anime in un mondo che diventa sempre più freddo.

52. Annusare il mattino

Il primo passo della giornata è verso la finestra. Apro completamente i battenti, mi sporgo un po' e respiro profondamente. L'aria del mattino è figlia della notte: mentre tutti dormono si diffonde sui campi freschi di rugiada e sulle foreste ansimanti. Senza essere disturbata dai gas di scarico e dall'aria viziata degli aspiratori cresce a seconda delle correnti. A mezzogiorno al massimo è andata letteralmente in fumo. E per quanto mi sarà sufficiente questo mattino? Dilato le narici come un cavallo e cerco di inspirare quanta più aria possibile nei miei polmoni come un drogato. La prima impressione è quella più forte, con la seconda e la terza subentra l'abitudine. La mia mente è annebbiata, sono ebbro del giorno ancora giovane, quando l'aria è ancora "buona", mentre resto sobrio quando è "cattiva". È vero che l'odore del mattino passa per il naso, ma l'autentico organo olfattivo sembra essere il polmone, a cui non basta semplicemente un'aria profumata. Ci vuole una grande pazienza per soddisfarlo con respiri profondi. Quando l'aria inizia a essere cattiva i polmoni iniziano a respirare solo superficialmente. A quel punto posso chiudere la finestra.

A volte l'aria sembra affumicata in modo familiare, impregnata dal fumo di un qualche camino. A volte è saturata da un alto contenuto di ozono e pizzica le pareti del naso. A volte capita anche che, a seconda del vento, della pressione atmosferica, il naso inizi a colare. L'aria speziata invece è un regalo dell'erba tagliata di fresco. Il mio naso si gusta ogni singola molecola del vapore giovane e penetrante senza capire se provenga dalle pinete vicine o dall'erba lontana del Sud. È l'arte dell'olfatto, l'esercizio olfattivo dell'arte di vivere.

Così mi annuso intorno nel corso delle stagioni: l'aria caldissima che si appiccica alle narici. La fragranza dolce dei campi di colza. Il profumo suadente dei campi di cereali. Il respiro della terra quando cadono le foglie. Annusare il mattino: così paghiamo dazio alla "sfera" che ci dà la vita. Solo un po' di attenzione per dire "grazie". Però non troppo, perché non bisogna mai dimenticare che il corpo si ossida e la reazione progressiva all'ossigeno conduce alla morte. Questa è la vita.

53. *Alle terme*

Profumo di eucalipto misto ad agrumi e abete. Dove mi trovo? Ovviamente sono sfuggito allo stress. È un fine settimana, tempo di quiete e relax. Esiste posto migliore di una piscina termale? È magnifico immergersi nell'acqua, sentirsi avvolti da questo elemento ancestrale da cui siamo nati e nel quale ci sentiamo tutti a casa.

Quella in cui mi trovo non è una piscina pubblica – rumorosa e ludica, poche cianfrusaglie per imbellettare l'acqua, per metterla in scena e drammatizzarla. No, quassù a Vals (si pronuncia *Fals*), nei Grigioni, dove nasce il Valser Rhein, il torrente che dà vita al Reno, la sacralizzazione dell'acqua è stata reinventata. In queste sale alte e rimbombanti non vediamo altro che vuoto e contrazione. Sulle mie labbra affiora un «Bello, semplicemente bello». Un bagno termale in mezzo ai colori dell'autunno. Le campane del paese vicino mi ricordano che è domenica.

Il timore reverenziale nei confronti di questo elemento è stato costruito in forma di casa, una compenetrazione ideale di architettura e natura. Ci si distende emozionati su pietre verdognolo scuro. Per costruire queste vasche, che si inseriscono nel contesto ambientale allo stesso modo delle case di scisto tipiche della zona e molto diverse dai palazzoni degli alberghi che le circondano, sono state utilizzate le lastre di gneiss della valle sottostante tenute insieme da cemento grezzo. L'architettura ad angoli retti è priva di compromessi e apre prospettive sul modo in cui lo scalpello ha tagliato la pietra: la tecnica è orientata esclusivamente alla solidità. Peter Zumthor realizza l'architettura di una modernità alternativa.

Si possono trascorrere solo pochi minuti in un'acqua che brucia come l'inferno, ancora meno nei bacili ghiacciati e più a lungo nelle "sale blu". È meraviglioso buttarsi poi nell'aria fredda e immergersi nella vasca esterna. Ancora più infernali sono le saune, simili a sepolcri, con sudari neri come sarcofagi e nuvole di vapore che danzano ai raggi di luce provenienti dall'alto. In questa riduzione esistenziale si può riflettere sulla vita, su se stessi e sul mondo. Si può stare così non più di un paio di minuti, prima che arrivi gente che non può evitare di portarsi avanti con le chiacchiere anche in un posto simile. In un sepolcro vero non sarebbe così semplice.

54. Una visione mattutina

Come è andata quando stamattina vi siete visti nello specchio? Chi vi ha restituito lo sguardo? Lo/la conoscevate? So che è una battuta inflazionata ma, come accade spesso in questi casi, c'è qualcosa di vero. È già notevole che si tratti di un'esperienza che può diventare scioccante: essere completamente estranei a se stessi. Sarà perché le occhiaie profonde rimandano ad abissi di cui non volete sapere niente, senza che però possiate sensatamente evitare di riconoscerli.

Guardandosi allo specchio la mattina inizia la serietà della vita. Questo sguardo è il momento della verità. Stamattina avete vissuto un'esperienza quotidiana e l'ho fatto anche io, anche oggi: chi è che ci restituisce lo sguardo? Di chi è questa faccia gonfia, terribilmente rugosa e chiazzata? Sarei io? *Io?* Non è possibile. Questo "io" è là e io sono qui; l'io che sta là non può assolutamente essere quello vero.

Due io: uno è quello che ci figuriamo nel pensiero, che non corrisponde all'immagine riflessa nello specchio. L'altro è quello autentico, che però appare solo nello specchio. Qual è quello vero? Non è più possibile evitare una scissione interiore. Lo sguardo nello specchio è come uno sguardo su se stessi che proviene dall'esterno ed è davvero un buon punto di partenza per riflettere su se stessi, facendo in modo che l'io pensato si volga a quello che appare effettivamente. Siamo di fronte all'aspetto più significativo dell'autorelazione che caratterizza gli esseri umani.

Suona pesante. L'arte di vivere non consiste nel rendere tutto più leggero? Comunque, un po' di pesantezza ogni tanto non può far male. Per esempio oggi. Oggi lo specchio del bagno può restare appeso alla parete senza problemi. Non è nella posizione giusta e la luce è troppo forte. Meglio andare a far colazione in qualche caffè e guardarci solo in quel momento, dopo una bella doccia e dopo esserci preparati a dovere. C'è uno specchio che ci fa sembrare belli, con un colorito sano e senza rughe – o è solo l'effetto di uno specchio dal vetro pigmentato? Anche la luce è posizionata alla perfezione e non sapete quanto questo sia importante. Funziona, almeno per oggi. E quando domani suonerà l'ora della verità saremo comunque più vecchi di un giorno.

55. Conosci te stesso!

Voi e io diciamo spesso "io". Ma che cosa significa? Che cosa intendiamo con questo termine? Evidentemente tutto un mondo. A volte sembra che si voglia esprimere l'unico mondo possibile. Risulta difficile figurarsi che, dal loro punto di vista, anche altri, con il loro "io", pretendano che quell'unico mondo sia il loro.

Quando lo fate (e lo fate di sicuro) prestate il fianco a chi vi rimprovera di egoismo, un atteggiamento che ovviamente non vi riguarda, vero? "Io" sono io, egoisti sono sempre gli altri.

«Conosci te stesso» era scritto un tempo all'ingresso del tempio di Apollo nell'antica Delfi. Se un "io" avesse voluto incontrare il dio, avrebbe dovuto innanzitutto occuparsi di se stesso. L'oracolo non è altro che l'esortazione a vedersi come dall'esterno per riflettere su di sé e, su questa via, "conoscersi". Il detto «conosci te stesso» si è rivelato addirittura enigmatico e la sua eco ha attraversato la storia e, con le infinite interpretazioni che ne sono state date, è arrivato fino a noi oggi. Probabilmente ciò è dipeso dal fatto che nel motto delfico viene messo in questione tutto ciò che per noi è più ovvio e nello stesso tempo più incomprensibile: noi stessi.

Forse le difficoltà sono diventate così grandi perché il segreto della "conoscenza" si è dimostrato impenetrabile. Certo, non si parlava di conoscenza nel senso moderno del termine, ma di una *auto*conoscenza, forse nel senso di una presa di contatto con sé. «Conosci te stesso» non è un complicato requisito della conoscenza scientifica, ma una semplice esortazione a prendere coscienza del fatto che non siamo altro che esseri umani. Questo significa che non siamo Dio. Che siamo mortali, non immortali. Fragili, non invulnerabili. Fallibili, non perfetti. Impotenti, non onnipotenti. Ignoranti, non onniscienti.

In altre parole, «conosci te stesso» non significa altro che rendersi consapevoli delle condizioni, delle possibilità e dei limiti che definiscono la vita, non solo la nostra, ma anche quella degli altri. In questo modo l'io viene limitato nelle sue pretese. E questo sarebbe il significato originario del motto delfico. Questa conoscenza di sé non implica alcuna forma di arroganza, ma un atteggiamento umile nei confronti di se stessi, che permette di vedere le debolezze, la piccolezza e a volte anche la miseria dell'io. È possibile convivere con tutto questo?

56. Avete fatto la doccia?

La mattina è un momento terribile. Una volta che si è riusciti a sollevare la parte superiore del corpo, bisogna mettere un piede fuori dal letto e trascinarsi in bagno sotto la doccia. Poi arriva il momento agognato, l'unico in cui possiamo riconciliarci con il mondo: la tenda della doccia diventa una coperta verticale che prolunga un poco il ritiro dal mondo. Ora è necessario tirare questa tenda per creare un piccolo spazio che garantisca l'intimità. Tutto il mondo viene lasciato fuori, meglio coprire anche quello specchio, che potrebbe rivelarci qualche spiacevole verità... sarà per questo che nella doccia non ci sono specchi. Non ci troviamo nello spazio della riflessione faticosa su noi stessi o su qualcos'altro, ma in quella della sensibilità pura, dell'esistenza per sé, della cura tenera nei confronti di se stessi senza rimpianti.

È una meraviglia sentire l'acqua della doccia che inizia a scorrere sul corpo. Ci si sente completamente avvolti da una pioggia calda e fluente. L'acqua si irraggia, gorgoglia e farfuglia come forse una volta succedeva nel grembo di nostra madre. Ah, se questo caldo mondo acquatico che si crea sotto la doccia, questo piacere costante, questa vita gradevole *par excellence* potessero durare in eterno. Si cerca sempre di protrarre questo piacere quanto più a lungo possibile, ci si lava e ci si sciacqua un po' qua, un po' là, ancora un piccolo getto dall'alto. Poi è troppo, è inevitabile. Si scosta il braccio della doccia, si fa morire il getto d'acqua e si affronta il momento peggiore: non c'è altro da fare che tirare la tenda e la fredda realtà della giornata ci si fa davanti minacciosa, tutta insieme, rendendoci tremanti e frementi. Dopo quella vera, non si può evitare la doccia fredda della realtà. Questa l'ontologia della cabina-doccia.

È vero che si potrebbe sempre fare una doccia fredda e intenderla come una preparazione al mondo così com'è. Ma l'effetto resta lo stesso. Lo si può moderare servendosi non di una cabina-doccia, ma di una semplice tendina, lasciando così entrare già durante la doccia un alito di realtà. Ma non si farebbe altro che dimezzare il piacere che ne deriva: chi vuole godersela al meglio deve anche pagare il prezzo della terribile realtà. Che cos'è il reale? Ciò di cui dobbiamo venire a capo. E che cos'è una vita bella? Una vita aperta a esperienze piacevoli e in grado di sopportare quelle che lo sono meno. La questione sta tutta nella capacità di sopportazione. Per affrontare la giornata con serenità.

57. Niente paura

Venite, oggi entriamo in un caffè! Ovviamente non in uno qualunque. Questo si chiama Niente Paura. Si chiama proprio così e anche noi ci sentiamo così, quando ci andiamo. Il sole entra attraverso la finestra bordata di verde. Le sedie su cui sediamo vacillano, ma a guardarlo con attenzione tutto quello che ci circonda è un esempio di fantasia: dal soffitto spunta la radice di un arbusto. Le tendine accuratamente ricamate raffigurano volti come quello di Beethoven, Shakespeare o Čechov. Anche le lampade sono fatte di un vetro particolare e sorrette da una base di latta multicolore.

Non è un caso che questo locale sia molto simile a una casa di bambola: siamo infatti al Caffè del Teatro delle Marionette di Rezo Gabriadze a Tbilisi, la capitale della Georgia. I poster di numerose tournée nell'Europa occidentale tappezzano le pareti. Le finestre sono aperte e dall'esterno entra il rumore della città vecchia, oltre all'odore di *Schaschlik*, in georgiano *mzwadi*, appena grigliato. È domenica pomeriggio, una delle ore gloriose in cui il mondo è talmente pacificato da rendere difficile pensare che le cose stiano diversamente. Alcuni bambini portano a casa dal forno una focaccia il cui aroma giunge fin qui. I passanti si fanno il segno della croce entrando nella chiesa ortodossa di fronte a un prete che sta parlando al telefonino. Vecchie signore vestite di nero mendicano qualche spicciolo. Un nonno passeggia tenendo in braccio il nipotino addormentato. Intanto sfreccia una mega-automobile con i vetri oscurati.

Le case della città vecchia con le loro verande di legno intagliato, tipiche della tradizionale architettura georgiana, sarebbero una delizia, ma sono in un tale stato di abbandono che induce quasi al pianto. All'inizio del XXI secolo la Georgia ha un tasso di disoccupazione del 60 per cento. Chi è in pensione percepisce una decina di euro al mese. È ancora possibile stare seduti in un caffè che si chiama Niente Paura?

Niente paura. Ovviamente bisogna migliorare queste condizioni. Ma non ogni istante e senza rilassarsi un po'. Al momento, in questo caffè suona l'ora della spensieratezza. E solo quando la paura e la preoccupazione avranno riacquistato le loro forze potranno nuovamente essere percepite, fresche e solerti.

58. Un momento nel mondo dei minuti

Siamo ancora in Europa. Ma il mondo è completamente diverso. Gli esseri umani vivono in un altro tempo, riconoscibile dai movimenti più lenti rispetto alle città occidentali e forse proprio per questo più leggiadri. Nella capitale georgiana nessuno si affretta seguendo la lancetta dei secondi del suo orologio.

Questo mondo ha un nome che lo caratterizza ed è *mondo dei minuti*, *zutisopeli*, che non è una parola del linguaggio ordinario, ma un'espressione poetica. Gli uomini occidentali sono convinti che un minuto abbia sessanta secondi. Il "minuto" georgiano invece è diverso e non ha una durata precisa. Può essere un momento, ma anche tutta una vita o ancora di più: la vita di tutti gli esseri umani, la storia di tutte le vite del pianeta. Quando un concetto ha un significato così ampio, che cosa significa *non avere* un minuto?

L'eternità. A confronto con l'infinito, il mondo dei minuti si presenta in tutta la sua limitatezza e in tutta la sua caducità come una goccia insignificante nel mare del tempo. Gli esistenzialisti ne trarrebbero validi motivi per la loro disperazione nichilistica, ma per i georgiani è da sempre motivo di una serena tranquillità. Questa condizione è caratterizzata, forse, da una disposizione melanconica, ma anche da una piena rassegnazione.

Il mondo dei minuti non implica solo vivere qui e ora, ma la sensazione di essere inclusi in un tempo più ampio che, a sua volta, è incluso nell'infinito. Nella tradizione georgiana, l'arte di vivere consiste nel riempire ogni minuto della vita nella maniera più bella possibile. Ciò che accade nel presente non può perciò essere indifferente, nonostante si possa sempre essere pazienti e indulgenti: per questo i georgiani non hanno potuto non ribellarsi contro chi si è adoperato per uniformare il tempo. I minuti sono un dono che non può essere misconosciuto.

La ribellione ha però conseguenze tragiche per il tempo stesso. Nel suo complesso, la "rivoluzione" implica un'accelerazione del tempo, la sospensione del mondo dei minuti, l'immersione nella rappresentazione del tempo tipica della modernità. La grande sfida dei tempi a venire sarà di non perdere completamente di vista il mondo dei minuti nonostante la necessaria modernizzazione dell'arte di vivere.

59. La fortuna dell'amicizia

Che cosa significa per voi l'amicizia? Sicuramente molto. Ma che cosa pensate quando dite che Tizio o Caio è il vostro "migliore amico"? Quanti amici definite in questo modo? Potete realizzare con questa persona quello che per voi è l'amicizia, cioè parlare di tutto ciò che vi tocca o, come si dice, "aprire tutto il vostro cuore"?

L'amicizia incarna l'ideale di una relazione bella e degna di approvazione. Ma l'obiettivo non è solo un reciproco diletto, né tantomeno la reciproca utilità. Ne va, piuttosto, di un mutuo contatto tra anime totalmente indipendente dalla vicinanza spaziale. Con un vero amico si può parlare di cose da cui dipende molto della nostra vita e per le quali è giunto il momento: le "cose serie" nelle quali si interpreta e si cerca di dare un senso alla vita, alle esperienze e si trae un bilancio.

Con un amico le piccole e grandi questioni della vita vengono spesso affrontate in un dialogo muto: che cosa pensa di ciò che sta accadendo, quali esperienze valutare, quali sono le connessioni nascoste, quali argomenti parlano pro e contro una certa scelta, a quale valore deve essere associato un certo significato, che cosa è veramente importante nella vita, che cosa è bello, che cosa significa essere felici? Nel parlarsi e nel darsi fiducia reciproca è possibile che entrambi gli amici diventino capaci di orientare sempre in modo nuovo la propria vita, di venire a capo della loro posizione nel mondo, di dischiudere il senso e il significato della vita. Anche l'apertura alla critica non è un problema se due amici si sentono rassicurati perché l'uno vuole il bene dell'altro. Così entrambi si spronano a vicenda per assumere un comportamento e un atteggiamento orientati all'eccellenza: in questo consiste la fortuna dell'amicizia.

L'amicizia può unificare due cose che altrimenti

non possono stare insieme: il massimo grado di relazione e di limitatezza e il massimo livello di libertà. Questo è il tratto fondamentale che distingue l'amicizia da una relazione amorosa, che è invece espressione di un legame altrettanto forte i cui poli devono però sempre mettere in conto il rischio costante di vedersi derubati della propria libertà. Nell'amicizia la libertà e l'intimità sono compenetrate al punto tale da indurre a sostenere che senza amici si resta miseramente e disperatamente soli.

60. È lecito amarsi?

Siete mai caduti in tentazione? È così grave dedicarsi un po' a sentire se stessi? Consolatevi con il fatto che si tratta di un problema aperto fin da quando esiste la storia occidentale. L'"amarsi" è da sempre un tema controverso. Già secondo Platone era un male nella misura in cui tratteneva gli esseri umani dalla giustizia.

Ma il non amarsi potrebbe essere un male ancora peggiore, perché sarebbe d'ostacolo alla possibilità di amare gli altri. Questa era l'obiezione che già in età antica Aristotele muoveva a Platone. Ai suoi occhi, infatti, l'amore di sé era il presupposto per volgersi agli altri. Chi non ha alcun rapporto con se stesso non può averne nemmeno con qualcun altro. Questa conclusione è evidente anche se si considera che quando non si è in chiaro con se stessi si è anche sempre troppo occupati con sé per potersi rivolgere agli altri.

Per questo motivo, anche nel cristianesimo, la religione dell'amore, si trova scritto quello che tutti sanno ma pochi prendono sul serio: «ama il prossimo tuo come te stesso». Come te stesso: l'amore di sé è la base per amare il prossimo. Dal punto di vista teologico l'interpretazione non è stata sempre questa. Per molto tempo non si è fatto altro che predicare la rinuncia a se stessi. Ma oggi si può riconoscere che da tale rinuncia non è affatto scaturito l'amore per gli altri. Possiamo rendercene conto, voi e io, prestando attenzione a noi stessi: il tentativo di amare il prossimo è vano se l'amore di sé non mette a disposizione le forze necessarie per farlo.

Come è possibile distinguere l'amore dalla brama di sé? Già Aristotele aveva trovato un segno molto semplice: se l'amore di sé è soltanto fine a se stesso, allora si tratta di mero egoismo. Si può parlare invece di autentico amore di sé – e non di brama – solo quando questo rende possibile dedicarsi ad altri. In ogni caso non possiamo rinunciare a noi stessi: volgerci agli altri può tornare a nostro vantaggio. La nostra interiorità si arricchisce non solo grazie a noi stessi, ma anche grazie agli altri. Il contatto con gli altri è perciò un vero e proprio modo della pienezza di sé. Da questo punto di vista la questione non è più se sia lecito o meno amarsi. Ci sono buone ragioni per non sentirsi la coscienza sporca non rinunciandovi.

61. *Soliloquio*

Vi è capitato di sorprendervi a parlare da soli? Non imbarazzatevi. Non è segno di disagio spirituale. È la filosofia.

Sempre che lo si faccia in un momento scelto consapevolmente. Ci sono molti buoni motivi per farlo, poiché ne va di una riflessione su se stessi. Parliamo spesso da soli senza pensarci troppo, ma il punto veramente decisivo è capire se in questo modo intendiamo dare spazio a noi stessi. Chiedetevi semplicemente: «Che cosa mi succede? Quali voci si iscrivono a parlare, che cosa stanno dicendo?». E ponetevi il problema non solo rispetto alla vostra interiorità, ma anche guardando il mondo esterno: «Che cosa sta succedendo attorno a me? Che cosa significa? Quali risposte posso dare?».

È raro che questo colloquio, spesso caotico e gratuito, assuma una forma determinata e orientata a un obiettivo preciso. Focalizziamo pensieri, sentimenti, paure, delusioni, visioni, fascinazioni e sogni che lottano tra loro dentro di noi, tanto da spingerci a dire: «sono preso da me stesso». Le voci interiori non parlano sempre una lingua pienamente comprensibile e spesso si esprimono nella forma di una sensazione "buona" o "cattiva", in un presentimento o in un'idea vaga.

Prestando ascolto a voi stessi potete conoscervi meglio. Parlare da soli, in definitiva, non serve che a chiarire quello che siete e ciò che volete. Nei momenti più difficili il colloquio con se stessi può essere privilegiato rispetto ai discorsi con gli altri. Ed è un bene, perché non è possibile parlare con gli altri se si ha ancora da fare con sé. Quando si trascura il dialogo con se stessi si diffonde un senso di disagio, dovuto all'impossibilità di sentire le voci che ci parlano dentro, offuscate dal rumore che ci circonda. Temiamo di "perderci". E se non ha luogo la chiarificazione delle connessioni interiori, questa mancanza si esprime passando per i ponti del linguaggio.

Spesso qualcuno parla con sé comunicando con altri. Spesso si fa finta di conversare con qualcuno, ma in realtà non si fa altro che rivolgersi a se stessi. Solo quando ci si intrattiene a sufficienza con sé, cogliendo in questo modo tutto ciò che procede da sé a se stessi, è possibile condurre una vera conversazione con gli altri. Si può sperare di venire completamente in chiaro con se stessi? No, non nel senso stretto del termine, e va bene così: solo in questo modo la vita può sorprenderci.

62. Essere giusti con se stessi

Noi, voi e io, vogliamo essere trattati secondo giustizia, non è vero? Siccome siamo molto sensibili alla dimensione etica della vita, arriviamo addirittura a sforzarci di trattare gli altri secondo giustizia, almeno le volte che siamo in grado di farlo. Resta un problema: come vanno le cose con noi stessi? La giustizia, infatti, non è solo un problema relativo alla convivenza con altri nella società, ma anche a quella società interiore che si forma dentro di noi. Su questo punto l'etica tradizionale è ancora manchevole.

Ma che cosa si può intendere con giustizia verso se stessi? Non bisogna scambiarla con il "farsi giustizia da sé" basato sul fatto che la ragione è sempre dalla nostra parte e che solo il nostro modo di giudicare le cose è quello giusto, mentre gli altri, notoriamente, non hanno mai ragione e sono talmente ottusi da non far mai la cosa giusta. È necessario innanzitutto porci alcune domande: è giusto il modo in cui tratto il mio corpo, non solo nel suo complesso, ma anche in riferimento a ciascuna delle sue numerosissime parti e perfino a quella più piccola? È giusto non curarsi dei propri pensieri o, più precisamente, di questo o quel pensiero specifico? Il rapporto tra il corpo, l'anima e lo spirito è equo? Sono questioni importanti, perché ogni ingiustizia, in quanto tale, è in grado di mettere in discussione il sé nel suo complesso.

L'impegno a essere giusti con noi stessi contribuisce alla formazione di una sensibilità nuova e allo sviluppo del fiuto per la giustizia in generale, ossia alla formazione di un "senso per la giustizia". Una volta sviluppato, questo senso può essere esercitato anche nei rapporti con gli altri e in tutte le relazioni che definiscono la nostra vita sociale. Platone era arrivato a pensare che la giustizia esteriore fosse immagine di quella interiore: giusto è l'"amico di sé" che, in virtù di questa amicizia, riesce a esserlo anche con gli altri. La sua giustizia nei confronti di se stesso poggia su un bilanciamento dei diversi elementi che lo caratterizzano e si struttura nella forma di una coesione interiore che si riflette anche all'esterno. Forse in questo modo può finalmente essere possibile ciò che può apparire molto difficile: vedere con occhi diversi il nostro personale contributo alla giustizia nella società, senza sentirci continuamente vittime di ingiustizie.

63. Un gioco da ragazzi

Che fate oggi? Che cosa vi attira di più? Volete stare tranquilli, certo. Ma qualcosa bisogna pur "fare". Andare a trovare qualche amico prima di ritrovarsi finalmente soli. Poi ci sarebbe un film interessante in televisione, ma è necessario mettere mano ancora a un paio di file... Ah! – sospirano i poeti, anche quelli che vogliono diventare poeti della loro vita – ah, se non ci fosse sempre questa lacerazione interiore. Essere lacerati da circostanze esteriori va ancora bene, ma tutte queste urla dentro di noi...

È come con i bambini. I bambini vorrebbero fare tutto e tutto insieme. Bene, non bisogna far altro che scindersi: gli occhi sono impegnatissimi di fronte al televisore. La lingua avvolge e lecca senza indugi e piena di dedizione un gelato, solo perché è buono. La testa, alla quale sono stati cavati gli occhi, sta di fronte al PC e riesce a lavorare meglio quando non è disturbata dagli occhi e dalla lingua. I piedi sono già fuori a giocare, ben felici di poter procedere indisturbati mentre tutto ciò che gli sta sopra è seduto in bagno, sebbene sentano la mancanza delle mani, impegnate prima a lavare la parte superiore del corpo e poi concentratissime a mettere insieme una Lego Mobile. Gli alluci intanto sono nelle mani dei genitori, che devono pulirli per bene, attenti a torcerli nel verso giusto. Più felice di tutti è la bocca che, priva del minimo rispetto per le altre parti del corpo, blatera allegramente senza senso e senza la minima pausa.

«Ma io», dice improvvisamente il bambino, che assiste affascinato a questa autoscomposizione, «dove mi trovo, io?». Il problema, infatti, è che in questo caso non si può parlare di un io integrato. Ogni parte se ne va per la sua strada. Se l'io dà valore al suo essere un io, non può evitare di ricomporre le sue parti e organizzarle in maniera tale che ciascuna trovi soddisfazione, anche se non tutte nello stesso momento. Bisogna prendere decisioni dolorose. E questo non è un gioco da ragazzi.

Si tratta di lavorare alla propria "coerenza". Sapete già cosa farete oggi?

64. Meravigliarsi

Uno squalo passa a pochi centimetri di distanza. Sullo sfondo fluttuano le forme forse arcaiche di "murene verdi" con il corpo lungo, massiccio e simile a una coda. Uno sciame di "pesci luna" si aggira, brillando di luce argentea, con la bocca aperta a guardare con serietà ogni singolo pesce, quasi facendoci provare vergogna per il nostro sorriso. Mante dall'aspetto futuristico volteggiano eleganti sull'acqua, quasi volassero. In basso razze a forma di violino esplorano ogni scabrosità del fondale.

Nell'acquario impariamo a sorprenderci e se è vero che la filosofia inizia con la meraviglia, allora in un acquario nascono molti nuovi filosofi. A meravigliarsi sono soprattutto i bambini, ma gli adulti non sono da meno. Chi crede di conoscere già tutto e tende ad avere la percezione del mondo comunicata dai media, qui si ritrova in un mondo completamente diverso, che gli si muove davanti in tempo reale. Si possono trovare mictofidi simili a lampade tascabili che fanno luce nell'oscurità. Una seppia o un qualche altro mollusco che gli somiglia molto. Meduse completamente bianche, con lunghi strascichi più belli di quelli di un abito da sposa. Pesci rossi come il fuoco, con un muso simile alla carta di un giornale già letto e pinne che sembrano piume.

Questo mondo è così terribilmente bello da far strabuzzare gli occhi. Nonostante il grande numero di animali, nonostante la confusione generata dai loro movimenti, non esistono incidenti simili a quelli che avvengono agli incroci umani. In questo mondo acquatico, che qui appare ricchissimo e che in un luogo come questo viene presentato in una varietà molto ristretta, si trovano forme grottesche e assurde, oltre a tutti i giochi di colori pensabili: una minima idea di quanto domina davvero il nostro pianeta. La maggior parte del pianeta, infatti, non è composta d'acqua? I continenti, da questo punto di vista, non sono che isole che nuotano nei mari. Rispetto all'eleganza e alla leggerezza dei movimenti del mondo acquatico, chi gli sta di fronte osservandolo da un vetro, me compreso, è un animale totalmente impacciato. È normale che l'essere umano abbia dovuto inventarsi il pensiero per tenere il passo, almeno in parte. Il pensiero può servire senz'altro a guardare le cose e quando con la tecnica distrugge il suo ambiente... distrugge anche se stesso. Con il pensiero non si può mai toccare la concretezza della vita.

65. Siete malati?

E ve la siete beccata! Mi dispiace, poverini... poveracci! Soprattutto perché il decorso è inevitabile: chi o cosa potrà guarirvi? C'è solo una persona che può farlo: voi stessi. Certo, con qualche aiuto esterno.

Avete un buon medico? Meglio. Ma voi soltanto potete decidere di volergli credere e fidarvi di lui, anche se potreste giudicarlo solo come uomo. Potreste consultarne per sicurezza un altro, che molto probabilmente avrà il parere opposto a quello del suo collega, e allora dovrete decidere di nuovo. Potreste documentarvi, leggere qualche prontuario o fare qualche ricerca su Internet. Ma tutto quello che imparerete sarà contraddittorio. Potreste parlare con persone sagge che vi suggeriranno trucchi sempre nuovi.

Ma sarete sempre voi a dover scegliere consapevoli del fatto che sulla vostra scelta graverà il peso di tutta la vostra esistenza. E sarà così anche quando non sarete voi a scegliere, anche quando riporrete tutta la vostra fiducia nel medico o anche quando non farete nulla. Arrivati al momento decisivo le cose non cambieranno: solo voi vivete la vostra vita e nei momenti-chiave solo voi potrete farla finita. Il medico dice che non può assumersi la responsabilità? La responsabilità maggiore è sempre la vostra, nessun altro può farsene carico. Pur tenendo in gran conto l'arte medica, le conclusioni ultime dipendono sempre e soltanto da voi.

Che fare? Non resta che quanto ci pare più "plausibile" o più convincente. È meglio fare un bilancio tra i pro e i contro dopo aver consultato un medico, ma nei momenti difficili se ne può prescindere. È importante quello in cui credete. Non ci sono rimedi che funzionano senza fede e a volte la fede funziona anche senza medicine: spesso i palliativi raggiungono gli stessi effetti dei principi attivi, nonostante sia teoricamente impossibile.

Altre volte è meglio deporre le armi. Il mio medico dice, facendomi l'occhiolino: «Se rinunciasse a curarla, la sua influenza guarirebbe in quattordici giorni. Con le medicine, invece, ci vogliono due settimane». E allora, se è così…

66. Ferite

Un taglio improvviso nella carne. O una porta che si chiude di colpo su qualche dito. O una parola. In un attimo si lacera la struttura della quotidianità, delle abitudini, delle certezze. Viene infranta la solida integrità del sé. Anche la più piccola ferita fisica, ma soprattutto una ferita nell'anima ci mettono interamente in questione.

Il taglio mette a nudo la vita intera: l'esperienza di sapere di botto che siamo così vulnerabili, che la vita è in pericolo attimo dopo attimo. Che non siamo invulnerabili. Che dovremo vivere tutta la vita in queste condizioni. Una svista, una distrazione, un caso o anche un solo gesto, sbagliato, intenzionale o involontario, può avere conseguenze enormi. Al di sotto della superficie della vita di tutti i giorni si aprono abissi, come pure abissi del comportamento umano.

I rimproveri a se stessi occupano i nostri pensieri e i nostri sentimenti. Si rimpiange un mondo perduto dove stavamo tanto bene. La nuova realtà non sarà mai così vera. Eppure lo è. Tutto dovrebbe essere come era e non può più esserlo. La lotta è talmente dura che ben presto siamo sopraffatti da una stanchezza plumbea che giunge a redimere ogni fatica della nostra coscienza. Il tempo passa e cura, permettendoci di lasciarci alle spalle quanto è accaduto e di coglierlo da lontano, come dall'esterno. Solo ora è possibile trovare un modo per rapportarci alle nostre ferite.

Adesso è necessario ricucire il tessuto della quotidianità, riflettere su ciò che è accaduto, raccontarlo, interpretarlo, darvi un significato e, alla fine, un senso, assicurandogli un posto stabile nella nostra vita. Non resta che conservarlo nella nostra memoria, renderlo permanente integrandolo nel nostro corpo o nella nostra anima sotto forma di cicatrice. Ci riesce solo chi se lo propone in maniera consapevole, e inconsapevolmente quando dorme. Alla fine siamo quasi grati alle nostre esperienze dolorose, che ci fanno sentire così forte l'essenza della vita. Chiameremmo ancora vita un'esistenza che non ha mai vissuto il pericolo?

67. Raccontatevi!

Anche voi amate raccontarvi? Forse è difficile iniziare, ma una volta superato l'inizio diventa difficile smettere: raccontatevi! A chi? In casi estremi a voi stessi, ma sarebbe meglio farlo con qualcun altro e ancora meglio a un amico che vi ascolta, vi stimola, vi incoraggia e vi incita. Nel racconto si alleggerisce il peso di un dolore insopportabile quando si è soli e una gioia si amplifica se non siamo i soli a gioire. Perciò l'amicizia – il potersi raccontare reciprocamente ed essere reciprocamente disponibili all'ascolto – è necessaria.

In momenti come questo si lavora su se stessi. Gli esseri umani raccontano volentieri le loro storie perché facendolo è possibile trovare sempre nuove certezze. La storia che raccontiamo a noi stessi o ad altri permette di tenere insieme ciò che ci appare frammentario. Non si crea una rete solo tra esperienze concrete, ma è possibile anche provare a colmare le lacune che esistono tra esperienze diverse e testare nuove interpretazioni. Si tratta di un continuo taglia e cuci su se stessi, che dura finché non arriviamo a dire "io sono questo, questa è la mia storia".

Il fatto che anche altri possano raccontare la loro storia, magari nella forma di un libro, stimola la narrazione in prima persona: per questo ci piacciono autobiografie di ogni genere. A volte questi piccoli racconti sono più importanti delle “grandi” narrazioni storiche, perché mostrano come un essere umano lotti per la sua vita e come giunga pian piano a definire la sua identità. Chi si sente in un vicolo cieco, raccontando la sua storia può ritrovare una strada: ogni storia “va avanti”. Raccontando, il tempo passa e questo tempo cura. La progressiva distanza temporale da un certo evento produce anche la rappresentazione di una distanza spaziale che permette di riconoscere l’evento come inscritto nell’orizzonte complessivo dell’esistenza e di chiarire meglio le sue connessioni con tutto il resto. Si punta sempre a un racconto la cui evidenza, reale o apparente, ci convince tanto interiormente quanto esteriormente. L’amicizia e la fiducia con se stessi si fondano su questo. Qual è la vostra storia?

68. Siete stati dal parrucchiere?

Oggi avete qualcosa di diverso. Siete stati dal parrucchiere? Be’, a volte un po’ di *restyling* ci vuole. Ma era proprio necessaria anche una tinta così sgargiante?

Rispondete che ogni tanto bisogna cambiare. E i capelli sono un campo ideale su cui esercitarsi, disponibile sempre e dappertutto. Non c’è niente di male, anzi. Chi si rifà i capelli fa benissimo. Molti vanno apposta dal parrucchiere, soprattutto le donne, mentre i maschi, ignoranti come al solito, rifiutano questa forma di terapia del sé.

I capelli sono un fatto privato. Il modo in cui si dà una forma alla propria capigliatura mostra però quanto questo fatto privato possa diventare un fattore politico: chi portava i capelli lunghi, negli anni Sessanta e Settanta del secolo scorso, non aveva bisogno di aggiungere altro. Alle giovani generazioni di quegli anni oggi si contrappongono frontalmente, e almeno per quanto riguarda l'aspetto esteriore, branchi di ragazzi rasati, chiamati skinhead. Altri, volutamente calvi, si ripromettono di valorizzare adeguatamente la bellezza del loro viso. Altri ancora mettono in discussione il fatto stesso di poter usare i loro capelli per un qualche scopo: la boccia risolve tutti i problemi.

Però i capelli rendono la vita molto più espressiva. Quando sembrano fuori posto li si può togliere dal viso con una carezza. Se sono abbastanza lunghi possono essere tirati sul volto come una tenda sul mondo. Scompigliati selvaggiamente dal vento, esibiscono chiaramente la passione da cui è posseduto chi li porta. Quando qualcosa va storto ci si mette le mani nei capelli. Chi si attorciglia riccioli pensierosi tenta di porre fine alla noia. Chi immerge le mani nella sua chioma o si gratta la nuca segnala la serietà della sua riflessione.

Con i capelli si possono fare molte cose. Il primo consiglio che darei a chi vuole imprimere una nuova direzione alla sua vita è di andare dal parrucchiere. E anche se il nuovo taglio non funzionasse, poco male: nel giro di un paio di settimane l'erba, cioè i nuovi capelli, sarà ricresciuta. Basta solo un po' di coraggio per ridare colore alla grigia quotidianità. Sarebbe però problematico limitarsi a credere che un po' di colore e un nuovo taglio siano sufficienti a rinnovare completamente la nostra identità.

69. La zuppa

Avete una madre che vi cucina il brodo con la pasta fatta in casa? Mi dispiace per voi: molti sono i destinati, solo pochi gli eletti. Il mio stomaco la adora, soprattutto se condita con le spezie di una famosa casa svizzera.

Ma pure il brodo deve essere un tema serio dell'arte di vivere filosofica? Chi si pone questo problema non ha ancora letto Epicuro – colui che ha elevato il piacere al piano nobile di una vita condotta in nome della filosofia, cosa che gli ha attirato le condanne di tutta la storia dell'Occidente. Ah, se lo si leggesse meglio, il suo atteggiamento nei confronti della zuppa risulterebbe chiaro come un brodino. «Non tutti i piaceri sono degni di essere scelti», diceva Epicuro. Non intendeva abbandonarsi alle gozzoviglie, ma voleva esprimere l'esigenza di ridurre al minimo i bisogni per godersi al massimo la loro soddisfazione. Il "bene" era per lui il lato sensibile della vita, e non un'idea astratta del tutto senza senso. A Platone Epicuro obiettava che era impossibile intendere con "bene" qualcosa di diverso dai piaceri dell'amore, dell'udito, di un bel panorama – o dal gusto di una "zuppa".

Il piacere sommo è quello di cui si può godere quando non se ne ha bisogno. Un vero epicureo perciò non ama quelle zuppette da buongustai, ma le «zuppe modeste» (*litói chylói*). Il piacere massimo consiste, infatti, nel gustarsi una zuppa che ha il sapore dell'autarchia. Potremmo nutrirci esclusivamente di zuppa: molti liquidi, sostanze nutritive sufficienti e molto diversa dal pasto completo contenuto in una bustina. Nell'ascesi la zuppa rende possibile l'estasi, perché grazie al suo aspetto e al suo gusto permette di uscire da sé.

Qui all'angolo c'è Soup Kultur, un locale che permette di mangiare zuppa tutti i giorni. Ma che zuppe! «Zuppa esotica di patate e latte di cocco», per esempio. Da autentico epicureo, invece, non posso che genuflettermi di fronte a una semplice zuppa di lenticchie con würstel viennesi. Nella Soup Kultur queste zuppe, le migliori, non le fanno. Non esiste quella con i pezzetti di frittata, e nemmeno quella con i canederli o con gli gnocchetti di fegato. E, per spostarsi in Asia, non esiste neanche quella di wonton a cui, nella sua versione superiore, vengono aggiunti gli spaghetti e che, dunque, non è altro che pasta in brodo.

La zuppa preparata da mia madre però è imbattibile. Spero che il giorno in cui non sarà più di questo mondo arrivi il più tardi possibile. E quando arriverà il momento di dirsi addio riempirò zuppiere di lacrime.

70. Dal calzolaio

Una volta Socrate si mise alla ricerca di un calzolaio e gli chiese: «Sai che cos'è davvero una scarpa?».

Oggi andare dal calzolaio è più difficile, perché ne esistono sempre meno. Invece si può andare dall'ortopedico e ben due volte: la prima dal medico e la seconda dal tecnico. E il tecnico mi dice subito che ha una teoria. Siccome io sto sempre dalla parte di Socrate, mi fa piacere: finalmente qualcuno con un'idea su cosa sia davvero una scarpa. Per approssimare quanto più è possibile lo strumento con cui cammino alla sua teoria, l'ortopedico mi fa dei plantari. Prende la mia impronta, traccia un diagramma delle forze e su questa base definisce una strategia.

Emergono subito dettagli carini: ho una bella "volta plantare" – il merito non è mio, ma va bene lo stesso, perché stimo chi ce l'ha. Con questo termine si intende la volta che si trova nella parte interna del piede e, siccome è la parte che deve sostenere tutto il resto, il plantare deve inclinare il piede verso l'interno. Peccato che la volta trasversale che si trova lungo le dita del piede sia fatta diversamente e debba essere "puntellata". E alla fine, Dio mio, a molti anni dalla mia nascita scopro anche che la gamba destra è di qualche millimetro più corta della sinistra. Detto nella maniera più sobria possibile: sono deforme. Ma il plantare correggerà anche questo difetto. Dal punto di vista ortopedico è una stupidaggine. La lieve differenza di lunghezza, mi spiega, è la causa di un difetto posturale, di una colonna curva, di dolori senza fine che attraversano tutto il mio scheletro e che difatti mi affliggono da anni.

Ma ora si risolverà tutto. Affinché il plantare faccia effetto, mi spiega, ho bisogno solo di scarpe un po' più rigide, di pelle e con le suole di cuoio. Gli esseri umani, purtroppo, comprano scarpe troppo morbide, troppo "comode". Non mi sono fatto imbrogliare pure io da questa ideologia del comodo? È possibile che l'ideologia di un'epoca si rifletta nella sua calzoleria? Le scarpe devono offrire un sostegno al piede e per questo necessitano di uno spazio stabile. Altrimenti come si potrebbe camminare a testa alta? Scarpe rigide, dunque – e plantari: ora mi sento come un mulo sotto il basto. Vado avanti per settimane finché i piedi non iniziano a farmi un po' meno male ed entrano in simbiosi con le scarpe nuove. Vedremo quale difetto posturale ne verrà fuori. Chissà, forse tutta la vita non è che un susseguirsi di posture difettose.

71. Il gusto di una Sacher-Torte

In cosa consiste una vita filosofica? Facile: nella teoria e nella prassi del godersi la vita. Andiamo in pasticceria e facciamo la prova. Sarebbe meglio usare una *Sacher-Torte*: con questo dolce è davvero possibile godersi la vita con tutti i sensi e nello stesso tempo apprendere qualcosa di teorico su di essa. Perché, che cos'è propriamente una *Sacher-Torte*? L'unità di misura, si sa, si trova a Vienna, nella Philharmonikerstrasse, proprio dietro l'Opera. La pasticceria sta a fianco all'entrata dell'hotel, le pareti ornate di damasco rosso e i tavolini di marmo. Perfettamente in linea con lo stile, le mura di questo locale trasudano valzer viennesi, anche nei bagni. Nuvole di fumo di sigaro si librano dal tavolo vicino e rendono perfetta l'atmosfera del tipico caffè di Vienna.

Un vera e propria «Sacher Zeitung» informa sul «dolce segreto», sulla Sacher originale, famosa in tutto il mondo, che doveva essere un prelibato dessert inventato in onore del principe di Metternich nel 1832 da un apprendista cuoco sedicenne, che sostituiva lo chef che giaceva a letto malato. Assieme alla Sacher doveva essere servita un *Einspänner*, cioè una tazza di caffè nero con panna montata accompagnata da un bicchiere d'acqua. Il pezzo di torta che viene servito sembra però rachitico per quanto è piccolo: sarà perché più passa il tempo più si perde qualcosa, o forse lo fanno per il bene dei visitatori che potrebbero rimanere nauseati da una quantità eccessiva di roba dolce.

La «Sacher Zeitung» tace solo su un piccolo particolare, e cioè sulla classica diatriba viennese relativa all'originalità della torta, giunta perfino in tribunale. Infatti c'è anche qualcun altro che pretende di aver inventato questo dolce delizioso e perciò non è mai possibile dire in modo inconfutabile cosa sia la vera *Sacher-Torte*. Come spesso accade per la vita, manca un criterio oggettivo per una conoscenza affidabile della verità. Per limitare le infinite interpretazioni della questione, il giudice ha optato per una decisione nominale e ha sentenziato salomonicamente che *originale* è la Sacher dell'omonima pasticceria e *vera* è la "nuova Sacher" della pasticceria Demel nella Kohlmarkt. E il nostro giudizio filosofico? Semplice e pragmatico: buona.

72. Farsi servire

Una telefonata e la colazione è servita. Basta spingere un bottone e i piatti sono lavati. Andiamo al cinema stasera? «La veniamo a prendere e la riportiamo a casa». Non è magnifico farsi servire passo dopo passo, essere circondati da *service*? Il senso della vita non è farsi servire sempre e dappertutto? E anche per il "senso" ci sarà presto un service. Ma dietro la cosiddetta società dei servizi in progressiva espansione non si cela solo una grande opportunità economica. È possibile che questa espansione sia anche la causa di una grande perdita: di una espropriazione della vita, strisciante e nello stesso tempo più pericolosa di ogni altra. Non saremo più padroni nemmeno di un gesto, tutto sarà "servito", basterà un cenno, possibilmente elettronico: non si prende più parte alla propria vita che, ciononostante, va avanti.

Non fraintendetemi: il piacere di essere serviti può essere parte della vita. Non dover fare tutto da soli e poter lasciare che altri facciano molto per noi ci garantisce una tranquillità di fondo. Ma sarebbe meglio se ciò accadesse in virtù di un atteggiamento consapevole, cioè dopo aver definito la misura o il criterio che può sembrarci più giusto e soprattutto dopo aver definito un limite che non deve essere superato: una vita senza tensione, senza fatica, senza combattere in prima persona contro le difficoltà potrebbe indebolire profondamente la sensibilità nei confronti della nostra esistenza e renderla qualcosa che non ci appartiene più.

L'atteggiamento di attesa nei confronti di qualcun altro crescerebbe all'infinito. E la sfrenata soddisfazione di tutti i nostri desideri non ci renderebbe felici, ma sarebbe, piuttosto, la base per una nuova infelicità: la società dei servizi produce esseri irritabili. Chi si affida continuamente ai service non può far altro che storcere il naso o trovare da ridire su tutto. La mancanza di intoppi, che ci si aspetta in ogni occasione, avrà a che fare con la perfezione, ma non tocca minimamente la vita. Chi non si attende più nulla da sé, non percepisce più le proprie possibilità, né i limiti, a lungo andare finisce per perdere le tracce della sua vita. Il fastidio per questa nuova vita non potrà, almeno per il momento, essere risolto da nessuna società di servizi. Dobbiamo rendercene consapevoli noi stessi e farlo per tempo. Non ho nulla contro la società dei servizi, ma la sua assolutizzazione può nuocerci.

73. Il segreto di Jo mei

«*Jo mei*». Un'espressione cinese? Sì, solo un po' più a sinistra nella carta geografica. Eh già. È un'espressione bavarese che a volte suona come se fosse cinese. «*Jo mei*». Che cosa significa? Niente di particolare. È solo un'espressione. Non si può dire che sia un'affermazione.

Jo mei si impiega per non rispondere a una domanda, per non prendere posizione rispetto a un evento o per descrivere una condizione. Se ad esempio mi dite: «Le cose vanno male», vi risponderei «*Jo mei*». E potrei farlo perché provengo da quella parte di mondo in cui si dice così. Volendo tradurre l'espressione in una lingua per voi comprensibile, direi: così è la vita, non ci si può fare niente, non è né bene né male, è semplicemente così com'è, non c'è nulla da cambiare. Magari il problema vi inquieta, ma sul momento la cosa non mi tocca.

È possibile che siano in ballo questioni insolubili, oppure problemi che non vogliamo nemmeno provare ad affrontare, perché è troppo difficile metterli a fuoco o perché richiedono troppa forza anche solo per entrarci dentro. Può darsi che il problema sia indice di una decadenza generale. Ma è pur vero che il mondo sta decadendo dai tempi dell'Impero Romano e che questo è il corso delle cose. Vedete, è difficile da spiegare. È molto più semplice dire complessivamente e in breve «*Jo mei*». È una formula magica che lascia essere la vita così com'è.

Dietro *Jo mei* c'è tutto un atteggiamento nei confronti della vita e del mondo. Quando parlo di atteggiamento intendo una filosofia pervenuta alla consapevolezza del fatto che le cose sono come sono ed è meglio lasciarle così, invece di provare a lavorarci sopra o addirittura a cambiarle davvero. Penserete che sia come una forma di taoismo bavarese. È vero. Non avrei potuto esprimere meglio il concetto. Posso avere il copyright di questa espressione che ho cercato per così tanto tempo? *Jo mei.*

74. *Quando arriva la tristezza.*

A volte vengo sopraffatto da una grande tristezza. Un fremito alla base della vita. Non so perché. Posso solo decidere se cedere o meno. Di solito cedo, la tristezza sa quello che fa. Dare uno spazio sufficiente alla tristezza è una parte necessaria dell'arte di vivere. È importante coltivarla, prendersene cura, a volte dedicarvisi completamente.

L'atteggiamento più appropriato sembra essere una combinazione tra romanticismo e pragmatismo. Romantica è la sensazione legata alla tristezza. Pragmatica è la cura delle abitudini nelle cui stratificazioni si insinua e viene coltivata. È meglio essere tristi quando l'aspetto esteriore corrisponde a quello interiore. Così posso abbandonarmi alla tristezza senza restarci sotto, permettendomi di lasciar scorrere libere le lacrime sul mio volto.

Nella vita quotidiana lo spazio della tristezza viene scandito dalla musica, sia quella che sentiamo a casa, sia quella che ascoltiamo in una sala da concerto: la storia della musica mette a disposizione diversi brani di tristezza composti a regola d'arte. Quello che preferisco è il *Requiem tedesco* di Johannes Brahms, con i suoi infiniti cori elegiaci che toccano il pubblico fin dalle prime esecuzioni del 1868-69. Il primo movimento esprime la tristezza per la caducità della vita in una lunga melodia. Già dopo cinque battute gli occhi si riempiono di lacrime, che iniziano a scorrere nel quarto movimento, di una bellezza ultraterrena e pacificata, e nel quinto e ultimo, dal titolo che riprende il vangelo di Giovanni: *Siate tristi.*

Un altro pezzo interessante sono gli *Ultimi quattro lieder* di Richard Strauss, composti su poesie di Hermann Hesse e Joseph von Eichendorff nel 1948, per una voce umana, solitaria, lirica e trionfante, come quella del soprano Lisa Della Casa che li cantava nel 1953. Ma tutta la musica romantica, che si è sempre ripromessa di dare espressione al "lato oscuro" dell'esistenza, va bene. Che cosa sarebbe la vita senza questo lato oscuro? Piangendo, entro in sintonia con la tristezza.

75. Un giorno di novembre al cimitero

Ci vengo tutti gli anni. Il vento sferza il mio volto. Dopo la dolce aria delle serate estive, oggi sento l'alito freddo dell'inverno. In primavera fischia il merlo, canta il gallo e le allodole si levano in volo. Ora, in autunno, incrocio lo sguardo melanconico delle viole del pensiero, che in francese si chiamano *pensées*, 'pensieri'. I pensieri affollano la mia testa, i ricordi di mio padre, della sua placida serietà, della sua vita piena di gioia fino alla morte. Parlo con lui. Presto attenzione a ogni suo cenno.

È morto da tempo, ma ricordo ogni dettaglio del giorno triste in cui è sparito per sempre in questa tomba. Dove ora ci saranno solo ossa. Eppure torno sempre qui per incontrarlo perché è qui che si è fuso con la natura a cui è ritornato, come una parte del suo corso. È morto nella certezza consolante di aver trovato in questa nuda terra la sua casa eterna, in questa piccola vallata che ha amato più di tutte le altre, nelle braccia del brusio della quotidianità, non solo degli uccelli, ma anche del traffico che costeggia il cimitero.

La lunga vita di questo uomo straordinario ha per me reso metafisico il concetto di "padre". Anche se il suo corpo è morto, il suo spirito e i suoi pensieri vivono ancora, perché io li penso ovunque sia. La tomba è una fonte di ispirazione, un punto di contatto con la vita. Da qui vado oltre la vita. E da qui vi faccio ritorno. Come in nessun altro posto posso capire che sono io a vivere questa mia vita. E qui giungo alla consapevolezza irrefutabile che anche la mia prima o poi finirà. Questo è il posto giusto per pensare alla morte. *Memento mori.* Ricordati che devi morire. Rifletti sul tuo essere mortale.

Il bisogno di visitare una tomba è una tradizione della civiltà premoderna giunta fino a noi. In questo momento sono perfettamente consapevole di non essere parte della modernità, ma di esserne fuori. La civiltà moderna non ha voluto saperne di tombe, al punto da renderle un posto in cui tutti vanno fuori di testa. Questa è la conseguenza necessaria di un'evoluzione dominata dal tentativo di far scomparire la morte. E se per questa ragione molti esseri umani avessero perso di vista la propria vita?

Mondi invernali: il senso di andare in slitta

76. Un caldo tropicale

L'acqua scroscia. Da qualche parte arriva il canto degli uccelli. Potrebbe essere una foresta, forse una giungla tropicale. Io ci sto in mezzo. Nel pieno dell'inverno. Dove mi trovo? Ah, in una sauna. Ho chiuso gli occhi un attimo diventando vittima dei brusii simulati da altoparlanti invisibili. Mi sono subito immaginato al centro di una foresta, al caldo tropicale che in effetti è lo stesso di quello che sento qui nella sauna.

Avete freddo? Qui avrete un caldo come mai nella vostra vita. La sauna è tutto questo insieme alle docce ghiacciate, il brusco cambiamento di temperatura che investe il vostro corpo e che dà subito una sensazione di benessere – un'esperienza potente e pervasiva. Il passaggio dal caldo al freddo "stimola" i vasi sanguigni che si dilatano e si contraggono. Si tratta di incendiare il corpo e dissolvere le fiamme immergendosi immediatamente nell'acqua ghiacciata.

La cultura della sauna può essere annoverata tra le invenzioni più geniali dell'umanità: una tecnica tanto semplice quanto efficace per prendersi cura di sé. Entrare in una sauna non significa altro. Dedicare tutta la propria attenzione al corpo e capire quanta beatitudine possa trarne, cioè quanto un'attività di questo tipo riesca a riattivare le funzioni della nostra anima. È un esercizio che vale anche per lo spirito: sedendosi a meditare sulla panca di una sauna o sul lettino che si trova al suo esterno, in pieno ozio, è possibile distendere involontariamente lo sguardo sul mondo e sulla vita. I pensieri iniziano a fluttuare, in maniera tale che, alla fine, ciò che era concepito soltanto per la cura del corpo si rivela utile anche per quella dell'anima e dello spirito. Si tratta di una forma fortissima di contatto nata da un'esperienza fisica. La sauna è un esercizio accessibile a tutti e non ci sono ostacoli che impediscono di entrarci.

Non è meraviglioso ritrovarsi nudi come bambini? Fare la sauna significa mettere fianco a fianco la parte moderna e quella arcaica di sé. È arcaico il senso di nudità, arcaica è la baita di legno, arcaico è il fuoco acceso, sebbene a volte sia finto. Bello rivivere questa fase, almeno per poche ore. Chi non si prende una pausa dalla modernità continua a esserne irrimediabilmente prigioniero.

77. Addentare un hamburger

Vi è mai capitato di addentare un "hamburger"? Non qualcuno di Amburgo, la nota città anseatica della Germania, ma la pietanza che porta il suo nome.

La mia penna si rifiuta di scrivere "mangiare" e anche il mio stomaco. Io ci ho provato. Ammetto di frequentare abitualmente posti come questo. E ho almeno un motivo per farlo: mi piace essere un padre amorevole e nel mondo in cui viviamo non ho scelta. Come filosofo, invece, spero sempre di mettermi sulle tracce dell'umano, anche qui.

Che cosa spinge gli esseri umani verso il fast food più che verso lo slow food? Il "mangiare lentamente", il prendersi cura delle singole cose, è corretto dal punto di vista ecologico e tollerabile da quello fisiologico. Ma, a essere onesti, il "mangiare una cosa velocemente" è più interessante dal punto di vista filosofico. Perché non si tratta solo di cibo. Io stesso ho provato molte volte ad addentare un hamburger con tutto il cuore: non c'è niente, non c'è un gusto recepibile dalle nostre papille; non c'è alcun ostacolo per i nostri denti.

L'hamburger, in sé e per sé, è il nulla impacchettato. E molti esseri umani sono evidentemente alla ricerca dell'involucro più che del senso di pienezza dato da un qualche contenuto. Con "involucro" non si intende propriamente la confezione, ma qualcosa di pensato e sentito di cui ciascuno di noi si alimenta in maniera rituale, quasi in un senso transustanziale. Come dovremmo intenderlo? Gli esperti di neuro-marketing e i pubblicitari spiegano questo fenomeno ricorrendo ad azioni sempre nuove sul cervello, esercitate non tanto sui centri del gusto, ma sull'area in cui si produce il "senso": la corteccia prefrontale. Gli esseri umani trovano sensato fare ciò che tutti fanno e che li lega a un numero indefinito di altri esseri umani di tutto il pianeta. L'aspetto sensibile del senso gioca qui un ruolo soltanto marginale e viene distratto dal cibo in sé e per sé dalle gustosissime immagini che si trovano sui cartelli pubblicitari.

Così, dal punto di vista nutrizionale si può dire che questo fenomeno non tocca mai soltanto il cibo, ma sempre anche il problema del senso. Chi nella vita trova un senso ideale può addirittura rinunciare quasi del tutto al nutrimento reale. L'hamburger non esprime soltanto un fast food, ma anche un *fast sense*. Per i suoi estimatori non ci sono problemi: tornano spesso in questo fast food a pagare per trovare un senso veloce che, però, già domani sarà da buttare.

78. Il problema del senso

"Che senso ha quello che faccio?". È straordinario vedere che chi trova un senso in ciò che fa nella sua vita è capace di affrontare molte cose, venirne a capo e sopportarle; chi non ne vede alcuno, invece, non può fare nulla. Il senso libera forze illimitate, mentre la mancanza di senso rende privi di forza, sfiniti, malati e, nel lungo periodo, la malattia provoca la riflessione. Per molto, troppo tempo il senso è stato qualcosa di ovvio, di semplicemente presente e avulso da ogni problematizzazione. Ma ora che è sempre meno disponibile, nessuno è preparato e in grado di ritrovarlo. Questa capacità non è mai stata appresa.

Ci sono molti esseri umani che non trovano più un senso nel loro lavoro e nella loro vita, troppi che non ne trovano più a nessun livello della società. Risulta perciò problematico intendere con "senso" non solo la fonte della vita del singolo individuo, ma anche il rapporto che quest'ultima intrattiene con la società intera. Senza un senso un "sistema" non può durare nel tempo. Il socialismo ne è un chiaro esempio. La domanda sul senso è perciò come la dinamite, altamente esplosiva; bisogna trattarla con cura, perché non è possibile evitarla. Gli esseri umani che si mettono alla ricerca del senso non possono più fermarsi. Dall'oggi al domani questa domanda può far franare la nostra vita e far crollare un intero sistema sociale.

Senza senso la vita, privata, sociale o economica è impossibile. Il senso non può essere sostituito dal denaro. Le connessioni di senso materiali sono certamente meno feconde di quelle ideali, perché non liberano le stesse infinite energie. Non basta nemmeno persuadere gli esseri umani dell'esistenza di un senso, ad esempio procurandone uno artificiale per tutto quello che comprano o vendono, che stimano o vivono. È piuttosto in questione un sistema di ragioni convincenti e di verità stabili, indici del senso solo quando quest'ultimo è realmente presente, ovvero quando rinvia a connessioni che possono essere effettivamente realizzate.

In ogni caso, non è possibile portare avanti la propria vita senza dare una risposta al problema del senso. Dove si trova il senso? La risposta può essere soltanto pensata e verificata praticamente. Ad esempio, si potrebbe ritenere che il senso stia in tutto ciò che sembra bello, che suscita approvazione e che rappresenta una ragione di vita. Siete d'accordo? E in cosa consiste per voi questa bellezza?

79. Nomadismo elettronico

Luce al neon. Una quiete innaturale che contrasta con la presenza di tutta questa gente. Posti singoli, singoli esseri umani di fronte a schermi singoli, nessun contatto con chi si trova a destra o a sinistra. Tutti connessi a un mondo che non è qui. Ovunque risuona il chiacchiericcio delle tastiere, o il trillo che annuncia la ricezione di un messaggio. A parte questo, l'unico rumore è quello del condizionatore. Fine.

È raro che gli Internet-café siano accoglienti, che si trovino a Riga o a Madrid, a Tbilisi o ad Amsterdam o in qualunque altro posto del pianeta. Nessuno siede in gruppo per una pausa caffè, non c'è un angolo per leggere, una poltrona o un divano, non una pianta, non un mazzo di fiori. Non esiste un "buongiorno" o un "arrivederci", ma solo un "entra" e "esci" inframezzato da un essere "online", che è l'unico modo di esistere. Il fatto che posti simili non siano accoglienti è una cifra dell'inconsistenza del mondo reale per chi si immerge in quello virtuale di Internet.

Questa tecnologia rende possibile una nuova forma di vita, quella del nomadismo elettronico, in cui ciascun abitante comunica con il resto del mondo trapassandolo da parte a parte: è questa l'acquisizione principale del mondo virtuale, il cui mezzo di trasporto fondamentale è l'e-mail. Un'e-mail è istantanea e irrompe immediatamente, senza tener conto di come scorre il tempo né di chi la riceve, in maniera molto simile a una telefonata. Nasce così una forma di comunicazione veloce che nello stesso tempo mantiene vivo il ritmo di ciascun interlocutore: possiamo aprire la nostra posta se e quando ne abbiamo voglia.

E tuttavia questo guadagno incontestabile è accompagnato da una perdita irrecuperabile: diversamente da una lettera, nell'e-mail la scrittura si standardizza nel suo schermo. La carta è arbitraria, non è scelta da chi scrive per la sua consistenza o per il suo profumo. L'occhio di chi la riceve non cade su un qualche francobollo esotico. Non è importante da dove arrivi l'e-mail che riceviamo. La leggerezza con la quale viene scritta è la traccia della distrazione con cui si sceglie una certa espressione rivolta al destinatario, quasi senza rispetto. Il tempo degli epistolari è ormai trascorso e non tornerà più. Il progresso è in realtà un'inerzia: tutto quanto è stato guadagnato andrà sempre anche perduto. Nonostante questa inerzia assuma il volto del progresso: è questo che seduce gli uomini moderni.

80. Tutto bene?

Studio avidamente il menù. Il posto offre tutto ciò che il cuore può desiderare e di cui c'è bisogno per vivere: *Wurstsalat*, *Bratwurst* e simili. «Che cosa prende?», il cameriere sembra ben disposto. Non piega gli angoli della bocca in segno di disprezzo quando mi decido per il *Wurst* arrosto e non per le costolette d'agnello con verdure al vapore in salsa rosa (o per qualcosa di simile). Con molto coraggio ordino anche una normalissima birra escludendo un profumato rosso di Bordeaux, del Cile, dell'Australia o di qualche altro posto.

Poi il cameriere ritorna al mio tavolo: «È soddisfatto?». E io lo sono davvero mentre ingurgito un pezzo di *Wurst*. «Benissimo», rispondo. Ancor prima di aver ingoiato il mio boccone arriva anche la proprietaria del locale per chiedermi, con una cortesia molto formale: «Tutto bene?». Resto profondamente scioccato da questa domanda. Onestamente mi pare un po' indiscreta. Mi torna in mente che una volta qualcuno mi chiese in pubblico: «Come valuta la sua attuale condizione spirituale?». La risposta che diedi era perfettamente conforme alla verità: «Poco superiore alla demenza». E da allora le cose non sono migliorate.

La cortese signora si allontana non appena capisce che la sua domanda mi ha profondamente toccato. Finalmente posso stare in pace, ma solo per cinque minuti, finché il cameriere non torna per domandarmi nuovamente: «Le è piaciuto?». «Perfetto», mi difendo con calma e senza ipocrisia, anche perché sono un ruminante e mi piace sempre tutto. Poi mi metto a leggere il giornale e mi gusto un espresso conclusivo.

Nel bel mezzo del mio relax il cameriere torna ancora: «Desidera qualcos'altro?». "Sì", ruggisco: "Che mi lasci in pace!". Ovviamente il ruggito ha luogo solo nei miei pensieri, mentre al suo posto sgocciola la frase di routine: «Al momento nulla, grazie». In realtà ho un solo intimo desiderio: vorrei essere dimenticato. Vorrei essere soltanto aria in un angolo dello spazio. L'aria crea una nuvola di soddisfazione che esala eterea. E a un certo punto si dissolve. Non senza aver pagato il conto.

81. Stanchi, ma felici

È assolutamente necessario finire il lavoro. Quando è concluso, anche voi siete esausti. Sono giorni che non dormite e siete KO. Su questa via ci si rende consapevoli dei propri limiti e si impara a oltrepassarli. In questi casi non emerge soltanto la pretesa di cogliere il proprio potenziale, cioè la "potenza", ma anche la volontà di metterla in "atto".

Sapete quanta forza avete dentro. Ma avete anche ben presente che questa forza non è sempre a vostra disposizione e che dopo averne spesa una parte è necessario riposarsi al più presto. E vi è inoltre chiaro che non è così facile: quanto maggiore è stata la concentrazione necessaria per portare a termine il vostro lavoro, tanto più continuate a fibrillare, con tutto il vostro corpo, non solo per qualche ora, ma per diversi giorni solo perché tutto è finito. Questo momento non è privo di pericoli dato che la concentrazione ha logorato anche il vostro sistema immunitario: se ora vi "assalisse" qualcosa, sareste finiti.

La stanchezza vi piega così tanto che non siete nemmeno in grado di leggere, o di dire una sola parola. I pensieri, però, impazzano ed è attiva, sebbene solo in superficie, una certa attenzione che pretende di attanagliarsi a tutto, ma che non afferra nulla. Sentite un nodo in gola e siete sul punto di piangere dalla stanchezza, con l'unico scopo di potervi sentire, al di là delle lacrime, soddisfatti di voi stessi e del mondo. Perché proprio ora sapete di cosa siete capaci. Ne deriva finalmente un grande relax. Vi sentite finalmente liberi, liberi dal vincolo di questo lavoro che vi ha richiesto tutte le forze, che ha dominato il tempo a vostra disposizione e vi è costato notti insonni. Che bello non dover più rispondere ad alcuna pretesa, ma sentirsi legittimati a essere esausti.

"Stanchi, ma felici": la stanchezza è infatti una specie di felicità. È la felicità della pienezza che può essere avvertita nel bel mezzo del vuoto: ci si sente pieni e il problema del senso non si pone più. I piaceri ordinari non possono assicurare un simile godimento, procurato invece dal dolore. Nasce dentro di voi un senso di gratitudine, ma non sapete verso chi. Perché la forza che sentite in questo momento non proviene davvero da voi. E da dove allora?

82. Un po' di attenzione

Soffrite perché nessuno vi considera? Che non c'è mai nessuno che comprenda quanto grandi siano le sfide che dovete affrontare sul posto di lavoro o quanto siate bravi in cucina? Guardate, è qualcosa che condividiamo con tutti gli altri esseri umani: nessuno si sente mai valorizzato abbastanza. E qualcuno soffre del fatto che proprio noi gli chiediamo quell'attenzione che ritiene di meritare per sé.

L'attenzione è una risorsa enormemente importante ma al tempo stesso estremamente esigua e, per questo, anche particolarmente contesa. L'attenzione consiste nella capacità di riconoscere come si orientano le energie fisiche, psichiche e spirituali a partire dalla direzione dello sguardo e dalla concentrazione interiore di un essere umano. L'attenzione, diretta a qualcosa o a qualcuno, permette di percepire anche le particolarità e i dettagli. Nella società moderna, però, questa facoltà tende a dileguarsi pressata da ogni lato, attratta da immagini scintillanti, da cartelloni pubblicitari urlanti o da eventi imperdibili. Nessuno ha più riserve di attenzione, eppure tutto e tutti ne richiedono per poter vivere.

La forza dell'attenzione, invero, consiste nel fatto che le sue energie sono di un'intensità tale da mantenere in vita e addirittura far rifiorire ogni essere umano, diversamente da quanto avviene quando ci si chiude in sé e nei propri interessi. Perciò si vuol vedere nell'attenzione una fonte di vita e solo in questo senso è possibile spiegare la fatica o addirittura la battaglia necessarie per conquistarsela: senza attenzione la vita minaccia di dissolversi nel nulla.

E come è possibile trovarne ancora se ve n'è così poca a disposizione? La cosa migliore è rifiutarsi di dirigerla in ogni direzione, concentrandola su se stessi. Altrimenti iniziamo a sentirci disprezzati da noi stessi e, conseguenza ancora più grave, anche dagli altri. Quando ci riesce di essere attenti a noi stessi ricrescono anche le forze necessarie per dedicare attenzione agli altri. E basta anche un mero sguardo per riconoscere qualcuno che incontriamo nella nostra vita quotidiana: solo un po' d'attenzione, la cui importanza, però, ci è nota dalla nostra stessa esperienza.

83. Il tram della vita

È dietro l'angolo, sta arrivando maestosamente o forse soltanto lentamente, come al solito. Vi piace il tram? Qui a Zurigo amo particolarmente "il 6": si sale e si va verso lo zoo, si attraversa con calma il Limmat prima di salire dritti verso lo Zürichberg. Si percorrono tortuose serpentine fino a quando non finisce la corsa. Qui, subito sopra il rumoroso centro della città, ci accoglie un mondo diverso. Basta salire ancora un po' ed è possibile rimirare il lago sullo sfondo di un meraviglioso panorama di montagne innevate.

Si può respirare profondamente e abbandonarsi all'ozio – mettersi a riflettere sul senso della vita e sul percorso di un tram, proprio ora che quel suo rumore tipico sentito infinite volte è scomparso. Il tram, la ferrovia che si dipana lungo le strade, scandisce ritmicamente e ciclicamente la vita della città. E non lo fa perché cigola o stride sulle rotaie, poiché qui a Zurigo l'inquinamento acustico è stato sistematicamente sconfitto.

L'abolizione dei tram, un mezzo di trasporto che richiede molto spazio, fu il credo delle città governate dalle automobili, soprattutto a partire dagli anni Settanta del XX secolo. Il loro ritorno trionfale, desiderato da molti, caratterizzò, ad esempio a Berlino, la svolta verso il XXI. In occasione dei Giochi olimpici del 2004 i tram tornarono anche ad Atene. Come mai? La loro importanza per la costruzione della vita di una città moderna divenne evidente grazie alla loro assenza. I tram rappresentano l'affidabilità in una vita che altrimenti rischia di deragliare in ogni momento. La linea che percorrono, fusa in modo chiaro ed evidente nell'acciaio, serve da bussola permanente nella vita cittadina; è possibile tenerla presente, allontanarsene, ritornarvi. La regolarità degli orari è fonte di una normalità che può beneficiare di risorse sempre minori. Al centro della città sempre più liquida nasce una struttura solida che non può essere paragonata a quella degli autobus, troppo dipendenti dalle imponderabilità e dalla variabilità, dai ritardi e dalle deviazioni imposte dal traffico, di cui invece non è vittima il tram, che scorre comodamente sul suo letto ferrato.

Ma è arrivato il momento di tornare giù. Suona una campanella e, non appena saliti, riprendiamo a ciondolare per la città, sul tram della nostra vita.

84. Pensieri sul tempo

Scusi, può dirmi l'ora? So che è un modo un po' rozzo per approcciare qualcuno, ma qualcosa devo pur fare, visto che ho bisogno di saperlo: che ora è? Potrei arrivarci da solo, ma dovrei essere sicuro di quanto tempo ho per capire se ce la posso fare. Che cosa succede se qualcuno ci dà un'ora errata? «Sono le undici», dice. Grazie, ne è sicuro? Chi glielo ha detto? Certo, ha guardato l'orologio, che però consiste solo di numeri e lancette che ruotano. Il "tempo" è davvero questo? Che cos'è il tempo e per chi? È certo che culture differenti hanno anche tempi diversi. Immaginiamoci che arrivi sulla Terra un abitante di Sirio: il modo in cui misuriamo il tempo, dedotto dalla durata di un giro completo della Terra attorno al Sole, gli direbbe qualcosa?

La follia è che nessun essere umano sa che cosa sia il tempo. Si possono perfino avere ottime ragioni per dire che non sia nulla. Certo, non ci aiuta: in questo caso dovremmo venire a capo di un tempo che non esiste. E abbiamo anche buone ragioni per attenerci alla concezione del tempo che ci ritroviamo, ad esempio per poter prendere i nostri appuntamenti e rispettarli. A tal fine potremmo avvalerci di un calendario, magari per fissare in una data precisa l'eterno "qualche volta". In più potremmo avere un rapporto libero e creativo con il tempo, attenerci a volte al suo corso e altre no. Possiamo crearci "ore di buco", anche solo per un quarto d'ora a tarda sera, o per una mezza giornata. Che cosa faremo? Niente. È un tempo vuoto che si riempie di creatività: niente da fare, niente da pensare e improvvisamente si presentano vecchie storie in maniera del tutto autonoma e vengono pensati nuovi pensieri.

Avete già stabilito che cosa fare oggi? Bene, allora nulla può andare storto, perché è stato onorato il primo debito nei confronti del tempo. Avere tempo e usarlo in maniera ottimale è indice di una perfetta capacità di gestirlo. Non dimenticate però la seconda parte e cioè che oggi è domenica, giorno del tempo libero ed è una buona occasione per perderne un po': per regalarlo, svenderlo, impiegarlo stando alla finestra...

85. L'arte del caffè

Quanto zucchero? Preferisco senza, la mia lingua dice che inibisce il gusto dei chicchi, mentre un po' di latte lo ammorbidisce. Ma l'arte di bere un espresso è molto personale anche se ci sono dei presupposti oggettivi: ho capito abbastanza tardi, ma non troppo, che esistono chicchi e tostature diverse tra loro.

Quando si parla di caffè non bisogna scendere a compromessi. A volte è necessario farlo, così come lo è nella vita. A volte si sta seduti di fronte a una brodaglia dal "gusto forte". E ora? Un'autentica autodisciplina richiederebbe di stare seduti, senza tracannare il contenuto della tazza, sorbendolo invece sorso dopo sorso. Così non si rovinano le papille gustative, ma ci si prepara all'esperienza, molto contrastante e molto più piacevole, di una miscela arabica.

Il piacere del caffè aumenta sensibilmente soprattutto grazie a un semplice bicchiere d'acqua, quando ce lo danno: la sua utilità non è certo di ripristinare le riserve idriche del nostro corpo. Il suo senso è piuttosto di neutralizzare le papille gustative, in maniera tale da far risaltare sempre di nuovo ogni sorso di caffè come se fosse il primo.

Quanto tempo richiede bere un espresso? Un'ora, forse anche due. Non è tanto. So che si chiama *Espresso*, perché deve essere una cosa veloce, ma non succederà nulla se lo renderò un *Lento*: questo è il mio contrappunto al rallentamento del tempo. Pensate che lo faccia per irritare la cameriera? No, è lautamente pagata. Il caffè diventa freddo? Ma si sa che quando è freddo il caffè rende più belli. Non sarà meglio un espresso doppio? Assolutamente escluso! Se proprio bisogna farlo, allora lo si faccia in inverno quando il metabolismo richiede un po' di slancio.

Vi svelo un ultimo segreto: lascio le ultime due gocce nella tazzina e poco prima che si secchino le faccio scendere *sotto la lingua* per portarmene appresso il gusto. Queste due piccole molecole penetrano molto più in profondità degli altri sorsi e restano a lungo anche dopo l'inevitabile ritorno alla vita di tutti i giorni.

86. Andare a letto

Ah, che bello! Scivolare di sera nel letto e coccolarsi tra i cuscini naufragando nel caldo che combatte ogni freddo. Ma avete pensato che pezzo da museo è il letto su cui dormite? Non proprio il *vostro* letto, ma il letto in sé. È ormai tardi per ulteriori invenzioni in questo campo, come ad esempio la creazione di una sacca da notte da appendere alla parete, che esiste già nelle stazioni spaziali, ma sulla Terra non è tanto pratica.

Qual è l'origine del letto? Ci fu un momento in cui l'uomo assunse una posizione eretta comprendendo ben presto quanto questa posizione fosse stancante. Da allora cerca un po' di riposo in orizzontale. Nella lunga storia che ci porta al letto troviamo innanzitutto l'angolo di una caverna. Già alcune incisioni rupestri mostrano le prime forme di eccitazione: la posizione orizzontale è anche quella dell'amore. Certo, la camera da letto tipica non è ancora pienamente riconoscibile, ma sullo sfondo si intravedono già pelli di animale imbottite. Intanto si sviluppano usi e costumi che non devono tener conto degli sguardi altrui, poiché la zona in questione non si offre alla vista. Vengono erette pareti protettive, anche per evitare le intrusioni di animali selvaggi. Viene costruito un piano superiore, affinché il bestiame che si trova nella stalla, al piano inferiore, possa mantenere calda la "stanza da letto". Il supporto che siamo stati abituati a chiamare letto nasce solo più tardi. Viene posto su un basamento che sembra un altare e rappresenta il centro attorno al quale vengono raccolti altri mobili. Ben oltre la sua funzione pratica, il letto diventa un oggetto prezioso di fronte a cui la fantasia varca ogni confine.

Il letto più bello dove ho dormito si trovava in India. Una lamiera piantata nella sabbia sulle sponde del Gange mi proteggeva dal vento freddo. Passò un giovane e ritenne che quella non fosse una soluzione molto comoda. Mi offrì un posto nella sua casupola e mi indicò un angolo della stanza. Gli feci capire subito che mancava qualcosa, e così mi diede il cuscino: un mattone. Ho dormito meravigliosamente. Da allora so che cosa è davvero un letto: un posto in una stanza. Il cantuccio in cui l'essere umano si ritrae quando non è presso di sé. Il resto è un lusso. E da allora me lo godo consapevolmente.

87. Essere a casa nei libri

Anche voi vi sentite a casa dove ci sono dei libri? La libreria casalinga dà un senso di protezione. La biblioteca pubblica sembra una via di fuga permanente dalle angustie quotidiane. E le librerie diventano luoghi in cui vivere, soprattutto quando ci sono angoli in cui sedersi e sprofondare nelle letture del cuore. Perché i libri ci danno un sentimento di protezione?

Certo è innanzitutto il fatto che i libri figurano possibilità. Provocano la domanda su ciò che si nasconde dentro di noi. Ben oltre la realtà da cui siamo dominati, i libri lasciano parlare i sentimenti, ci spingono a pensare, risvegliano la fantasia e dischiudono le nostre idee, ci lasciano fantasticare sulle storie e sui destini nascosti dentro di noi. La cosa più sorprendente è che già soltanto la presenza fisica dei libri ci mette in questa condizione di spirito. Non è necessario leggerli. Basta semplicemente pensare di farlo per riportare in vita il mondo delle possibilità. Per questo il mondo dei libri è molto più ricco e vario di qualunque altro.

Per fare esperienza della vastità di questo mondo che pone fine a ogni ristrettezza basta entrare in una libreria. In una biblioteca questo mondo diventa addirittura un cosmo: qui ci sono possibilità infinite, si possono effettuare scoperte eterne, viene meno la paura del vuoto o quella della noia. Se è vero che per tutto questo è sufficiente soltanto la mera presenza dei libri, ancora più forte è la sensazione di vivere in un mondo più ampio quando ci si immerge in essi. Appena iniziamo a leggere abbandoniamo il mondo ordinario ed entriamo in una vita diversa. Immediatamente veniamo colti da una certa tensione, e forse da una vera e propria eccitazione. Ben presto ci appropriamo di nuove prospettive e acquisiamo nuove possibilità per dare una forma a noi stessi e alla nostra vita. La lettura è uno strumento dell'arte di vivere.

E, alla fine, si torna a casa. La realtà viene dal regno delle possibilità, e questo vale anche per la concretezza della nostra esistenza. Dal profondo del nostro cuore sentiamo che i libri ci proteggono perché mantengono viva la dimensione del possibile da cui anche la nostra vita trae origine. E quando la realtà non ci dice più nulla allora ci rimettiamo alla ricerca della nostra casa: dove ci sono libri, troviamo pure conforto. E una possibilità che può aiutarci.

88. Abbiamo un'anima?

Che cos'è l'"anima"? Nel giro di migliaia di anni si sono avvicendate migliaia di risposte a questa domanda. Ce ne fosse stata una oggettiva. Si dice che pesi "21 grammi". Questo è il referto della bilancia non appena un essere umano è morto; ma non ci sono informazioni più precise. In ogni caso si può osservare quello che accade quando vi si rinuncia, poiché tutta la società moderna sembra essere il risultato dell'esperimento di una vita senz'anima. Anche noi vogliamo privarci sempre più della nostra anima? Quando manca, manca evidentemente qualcosa di essenziale. Che cosa potremmo fare se non ammettere che esista, quanto meno come una X del tutto incognita?

Questa X si sottrae a ogni definizione stabile. Dobbiamo perciò presupporre che l'anima sia uno spazio indefinibile. Questo spazio viene occupato da rappresentazioni, da sempre nuove interpretazioni e spiegazioni di ciò che è possibile intendere con "anima". Così essa ci appare come uno spazio potenzialmente infinito che qualcuno vede come riempito di un'energia non misurabile, ma concretamente percepibile da parte di ogni singolo individuo: è quell'energia che ci dà la vita o che ci manca.

Se possiamo interpretare in questo modo un aspetto fondamentale dell'anima, allora è anche possibile formulare alcune ipotesi sulla sua spazialità e sul rapporto che ha con il tempo: dal punto di vista spaziale l'anima è senza dubbio una parte del corpo, sebbene possa estendersi oltre l'esistenza fisica di un individuo, come nel caso delle "apparizioni" o in quello delle comunicazioni, sempre possibili, tra anime. All'inverso, l'anima può ritirarsi e addirittura nascondersi nel corpo al punto da non lasciarsi intravedere neanche in uno sguardo. Per quanto riguarda il tempo, invece, abbiamo la sensazione che sia legata alla vita del corpo soltanto a certe condizioni. Se le cose stessero in questo modo, sarebbe possibile pensare che l'anima esista prima e dopo il corpo, senza però capire in quale forma. Ben più importante di ogni discussione sull'esistenza dell'anima, però, è la possibilità di prendersene cura con attenzione presupponendo che esista davvero. L'attenzione la mantiene in vita e si perita di far notare la sua esistenza effettiva soltanto dopo la morte. Così possiamo prenderci cura dello spazio dell'anima e realizzare quell'anima bella che suscita la nostra approvazione.

89. Finalmente saggi

L'anno volge al termine e come sempre abbiamo deciso di diventare saggi. Ma non è la filosofia a dover procurare la saggezza? A rigore no, la filosofia è soltanto 'amore per la saggezza'. E questo significa che il filosofo non la possiede, ma vi anela, proprio come accade con l'amore.

Saggezza è un termine forte. Per i filosofi stoici, come Seneca, diventare saggi era addirittura un ideale. Ma alla domanda se qualcuno lo avesse mai raggiunto la sua risposta era chiara: nessuno, forse soltanto Socrate. Ma in cosa consisteva la sua saggezza? «Io so di non sapere!».

È un tratto di modestia che, tuttavia, non ci aiuta molto nella vita quotidiana. Mi piacerebbe contribuire affinché noi, voi e io, possiamo diventare saggi, anche se non è chiaro che cosa dobbiamo davvero comprendere con questo termine. Anche la "ricerca scientifica sulla saggezza" non ci aiuta più di tanto, perché ai suoi occhi la saggezza deriva esclusivamente dal sapere: dei fatti, delle strategie, dei contesti, della mancanza di certezze, della relatività. Potrebbe forse essere più interessante osservare che colui che è saggio effettua le sue scelte in maniera molto più decisa degli altri, si prende cura di ciò che ha scelto in maniera più attenta e sostituisce ciò di cui non capisce nulla con qualcos'altro. Il saggio, per dirla in maniera complicata, è capace di selezionare, ottimizzare e compensare.

Ma come fa? Semplicemente dirigendo e mantenendo il suo sguardo fermo sull'essenziale senza permettere che venga offuscato da dettagli puramente ornamentali. La filosofia come amore per la saggezza non è altro, dunque, che l'attenzione per l'essenziale, non solo per quanto riguarda i problemi generali, ma anche per le singole cose della vita. E la filosofia, da questo punto di vista, non è altro che la disponibilità a orientare la vita verso ciò che ci sembra essenziale. Il motivo fondamentale che la governa è l'inquietudine permanente generata dalla domanda: che cos'è propriamente questo o quello, che cosa vi si nasconde dietro, qual è il fondamento di una cosa, qual è la sua origine?

Sono domande importanti a cui non si può rispondere. Siamo onesti: i grappoli della saggezza sono troppo alti per noi, anche se questa ammissione può essere imbarazzante, quantomeno per i filosofi. Siamo saggi solo a volte, senza sapere come, e non possiamo certo fregiarci del titolo di "saggi" semplicemente perché già domani saremo dominati da una qualche piccola stupidità.

90. Dove ho messo le chiavi?

E adesso dove sono le chiavi? Un'ora fa le avevo messe... ma dove? «È sempre così», dite. «Mi succede sempre la stessa cosa!». Che si può fare?

Possiamo dare un certo ordine alla nostra vita. «Ah», sospirate, «ho fatto tutto il possibile. Ma non funziona. E che noia!». Avete ragione: la vita deve avere una suspense, di cui buona parte viene convogliata nella domanda quotidiana su dove abbiamo messo le chiavi. Vogliamo invece cambiare questa suspense, riservarla per cose più importanti?

L'idea di un ordine diverso della nostra vita può divenire più attraente. No, non un ordine razionale, ma uno che riesce a sostenere tutto il caos delle cose. Non si tratta di un dovere necessario, bensì di una capacità: basta semplicemente provare a farlo. L'ordine delle cose può tranquillamente restare caotico, l'unica cosa importante è la nostra disposizione nei suoi confronti. Abbiamo bisogno di una logica capace di seguire la vita peculiare delle cose, anziché sottoporle a costrizioni esteriori. La logica viene preordinata dalla vita stessa a partire dal caso, dalla necessità o dalle nostre proprie preferenze e inclinazioni.

La regola fondamentale di questa logica è molto semplice: ogni cosa ha il suo posto nella logica della vita. La logica della vita è quel luogo in cui la cerchiamo innanzitutto e per lo più. Ad esempio, i maschi pensano che le loro chiavi siano nascoste nelle tasche dei pantaloni, le donne nella borsa. Perché questo è l'unico posto che può spettargli. Le prendiamo da lì e lì le rimettiamo costantemente, senza mutamenti. E così non è più necessario cambiare questo luogo, neanche per un momento. Non è geniale?

Dovete ammetterlo: si tratta di una vera *innovazione* che può risolvere definitivamente uno dei più antichi problemi del genere umano. L'idea di un luogo determinato dalla logica della vita necessita soltanto di una breve fase di prova prima della sua immissione sul mercato, che dovrà essere comunque molto rapida perché la concorrenza sul mercato delle idee non dorme. Per quanto mi riguarda sono ormai nella fase finale della prova. Maledizione, dove ho messo le chiavi? Nelle tasche dei pantaloni non le trovo. "Luogo determinato dalla logica della vita", suona bene. Ma pare ce ne siano molti. Qual è quello giusto?

91. L'uomo è libero?

Arte di vivere non significa altro che condurre consapevolmente la vita. Ma non è un po' più semplice lasciar andare la vita per conto suo, senza pensarci troppo? E anche per chi è appassionato di cose difficili: è davvero possibile "condurre consapevolmente" la propria vita? L'essere umano è libero di farlo? Non è vero che di recente i neurobiologi hanno scoperto che la libertà non è altro che un'illusione? In verità, dicono, nel nostro cervello si accende improvvisamente una scintilla senza un nostro effettivo contributo e solo allora crediamo di agire liberamente mentre, in realtà, non facciamo altro che eseguire un programma predeterminato.

Le ricerche di questo tipo sono affascinanti. Ma ci sono buone ragioni per assumerne i risultati con una certa cautela, perché non sono altro che il frutto di misurazioni. Per ottenerli c'è bisogno di strumenti di misura e nessuno può mai essere certo se siano in grado di cogliere i dati più importanti assieme ai dettagli necessari. Inoltre, gli strumenti di misurazione di ieri come quelli di oggi si trovano già nei musei e possiamo stare certi che anche quelli più evoluti non riusciranno a evitare questa sorte. Sarebbe antiscientifico voler sostenere che le conoscenze attuali possano essere valide "in eterno"; più corretto sarebbe pensare che verranno sostituite da conoscenze ancora più nuove. La storia della scienza mostra che il sapere viene rimpiazzato da un sapere sempre più nuovo – e non c'è nulla a parlare in favore del fatto che questo processo possa essere interrotto proprio oggi. Il sapere, a differenza di quanto il suo concetto generale lascia credere, non può offrire alcuna certezza definitiva. Sarebbe sciocco, quindi, fermarsi alla sua forma attuale. Imparare a convivere con le incertezze che la caratterizzano è una parte fondamentale dell'arte di vivere.

Quello che accade davvero in riferimento alla domanda sulla libertà non potrà mai essere spiegato senza lasciare qualche dubbio in proposito. Perfino quando la libertà viene considerata un'illusione. Anche in questo caso ci troveremmo di fronte a una bella illusione. Magari utile, perché lascerebbe sempre ancora qualcosa da fare. Solo chi si ritiene completamente condizionato dai suoi neuroni può permettersi di starsene con le mani in mano. O fare oppure non fare tutto quello che vuole, perché non ne è responsabile, non essendo altro che l'agente delle sue connessioni neuronali e potendo dichiararsi tale di fronte a ogni suo gesto o ogni sua mancanza. Ieri gli esseri umani credevano a Dio e alle profezie, oggi invece prestano fede ai neurobiologi e al loro determinismo. Domani, forse, sarà di nuovo il turno di Dio. Forse solo perché è più poetico.

92. *La magia di questo tempo*

L'arancia che sto sbucciando emana un profumo così buono che i bambini restano vicino a me e, con entusiasmo, invocano il "Natale". Non è ancora Natale, ma inizia a prendere corso un insieme di scene, di abitudini e di rituali a cui decido di abbandonarmi mettendomi comodo e respirando profondamente. L'anno è più o meno finito e come sempre non è più possibile cambiare niente.

La vita professionale e pubblica non è urgente in periodi come questo. Ora, piuttosto, è legittimo, permesso e rispettato ritirarsi a vita privata. Qualcun altro potrebbe sentirsi sottoposto allo stress definitivo delle spese natalizie: per me, invece, è il momento per me stesso, per la famiglia, per gli amici. Un po' di pace ritorna adesso nell'anima sovreccitata e può svilupparsi la magia di questo tempo: le luci giallastre risplendono accoglienti in un buio che irrompe molto presto nel corso della giornata. Il bisogno di calore ci fa cercare la vicinanza degli altri. In questi momenti si riattiva una dimensione del tempo diversa: contro il tempo lineare, furioso e veloce dell'età moderna, ritorna quello non-moderno, ciclico e affidabile. Con le sue forme stabilite dalla tradizione, i suoi rituali e la sua dimensione raccolta, il periodo prenatalizio permette di riposarsi dalle tensioni tipiche dell'esistenza moderna.

Questo tempo dell'accoglienza contrasta con lo spaesamento del mondo che spesso esaurisce molte persone. Ci si può sorprendere che questo tempo faccia maturare sogni di pace? Il mondo non potrebbe essere sempre com'è ora, con il cielo aperto e fiocchi bianchi a coprire morbidamente tutto il mondo? In questo splendore bianco tutto si svuota in una pace infinita in cui brillano le luci; le voci sono ovattate, i suoni vaporosi, ogni movimento tranquillo, il passante infreddolito cerca solo un bel posto dove riscaldarsi con un po' di vino caldo.

Eppure, che cosa sarebbe il mondo se restasse sempre così? Io stesso non diventerei nervoso se tutto questo durasse troppo? La magia di questo tempo è definita anche dai suoi limiti, che lo rendono così importante. La sfida decisiva è lasciarle fare il suo corso senza rimpianti. Proprio come insegna l'antica saggezza: ogni cosa ha il suo tempo...

93. Dimenticare se stessi

Sprofondate sempre di più nella poltrona. Ora dopo ora, anche se non ci fate caso. Una totale perdita di tempo, un'assoluta assenza di preoccupazioni. Questo significa dimenticare se stessi, un'esperienza simile alla trance. Chi dimentica se stesso non si sente più un "singolo individuo", non più un "io", ma la parte di un tutto in cui confluisce e con cui, almeno per un certo tempo, si fonde.

Una condizione simile nasce quando si fa o non si fa qualcosa, quando si ama, ma anche quando si sta da soli. La capacità di perdere se stessi sembra essere decisiva: dedicarsi a qualcosa, anche solo modesta, a una situazione, a un essere umano o a semplici pensieri o sentimenti. Potete abbandonarvi a una passione in misura tale da "dimenticare voi stessi". Anche mettersi a lavorare concentrati è una possibilità di "fondersi" con il lavoro: un elemento dell'arte di vivere, un metodo scelto consapevolmente per evitare di riflettere incessantemente su se stessi o ruminare senza fine un problema. Dimenticare se stessi rende possibile il riposo da sé. Perché non è necessario restare tesi incessantemente sulla propria coscienza; il sé non deve essere tenuto sempre faticosamente in vita. Chi dimentica se stesso è lontano dalla sua identità abituale e fa esperienza di se stesso in un senso molto ampio, molto più ampio di quello ordinario e limitato. A questo atteggiamento sono connessi una gioia estrema e un piacere che possono rivelarsi perfino nel bel mezzo di situazioni dolorose. Sarete pronti per la pienezza di questa felicità solo quando vi sentirete svuotati di tutto il vostro "ego" in senso stretto. È mistica? Non lo so. Si tratta incontestabilmente di un'esperienza possibile, qualunque ne sia il fondamento.

Dietro quel sé che vive nella sua propria concretezza ed è sulle tracce della sua vulnerabilità e finitezza ne emerge un altro che non conosce alcun tempo e si sente infinito e immortale. Il primo è quello che ordinariamente ha un nome. L'altro non ne ha. Naturalmente c'è sempre il pericolo di essere svegliati: suona il telefono e dovete tornare alla "realtà". Ma a livello subliminale quell'altro sé resta sempre presente: è l'origine a cui potete sempre ritornare. Non nasciamo nella realtà, ma in un'altra dimensione che ha poco a che fare con la realtà in costante evoluzione. Mettetevi semplicemente comodi sulla vostra poltrona.

94. *Infischiatevene*

Andare a zonzo fischiettando per la città, passeggiare per i campi è un piacere straordinario. È bello vedere come la maggior parte dei bambini ancora si sforzi per imparare a fischiare; non c'è una scuola che lo insegni. I bambini si esercitano finché non imparano senza tener conto delle pericolose crisi di nervi dei loro genitori.

Fischiare significa poter dare espressione a una costituzione interiore. In questa faticosa corrente d'aria, attraverso una stretta fessura, vuole danzare la gioia. Altrove striduli concerti di fischi cacciano frecce furibonde e rabbiose nelle orecchie del presunto malfattore. Fischiare sembra un gesto irrinunciabile per la salute dell'anima. Per raffinare quest'arte sono nati addirittura festival del fischio dove si può fischiare qualcosa per qualcun altro. Come nutrimento teorico potrebbe essere utile la formazione di una "filosofia del fischio". Qualche filosofo, come ad esempio Ludwig Wittgenstein, avrebbe dovuto farlo. Invece si concentrò esclusivamente sulla pratica del fischio. Secondo alcuni testimoni del tempo, infatti, Wittgenstein fischiava benissimo infischiandosene della teoria del fischio.

La storia della cultura finora non ha mai preso in considerazione l'importanza e la ricchezza del fischiare, a parte alcune eccezioni come lo *Handbuch zur Phänomenologie des Pfeifens* (il 'Manuale per una fenomenologia del fischio'), pubblicato nel 1994. In questo libro il fischio viene descritto nel quadro di un incontro significativo tra cultura e natura. Gli esseri umani hanno tratto insegnamento soprattutto dagli uccelli, e non solo per quanto riguarda la tecnica: gli esseri umani sanno effettivamente qualcosa quando i passeri sono in grado di "fischiarlo dai tetti". C'è molto da fare a proposito del "linguaggio dei fischi" delle popolazioni animali, ma anche dei popoli umani che abitano la terra, tappe di un viaggio che porta dai fischietti degli arbitri di calcio agli stridenti fischi delle locomotive.

Il fatto che i dittatori abbiano sempre considerato pericolosi gli uomini che fischiavano rende ancora più nobile quest'attività del tutto inoffensiva. Nelle società libere, invece, è possibile fischiare a più non posso verso tutto e tutti. Non dovremmo privarcene neanche noi. Che cosa fischiate oggi? Francamente me ne infischio.

95. L'arte del regalo

Avete già messo insieme tutti i regali? Non ancora? E allora evitate di andare subito a fare quelli che ancora vi restano. Potrebbero diventare *regali di necessità*. Il senso del fare un regalo non sta infatti nel bisogno del momento, ma nella riflessione, che richiede un certo tempo. Serve una certa "attenzione" per chi deve ricevere il regalo, che deve essere scelto con cura. Non deve esserci quella costrizione che induce la persona che lo riceve a un sorriso raggiante che ha il mero scopo di non apparire ingrato nel ricevere qualcosa che non gli piace davvero. In questo senso sarebbe già meglio un "buono-regalo", che lascia la libertà di scegliere che cosa comprare, come e quando. «Gli esseri umani non sanno più fare regali», osservava il filosofo Theodor W. Adorno nei suoi *Minima moralia* del 1951. Lo stato di decadenza della capacità di regalare risulta evidente, secondo Adorno, nell'«invenzione imbarazzante degli articoli da regalo». Il regalo viene così prefabbricato e ridotto definitivamente al suo aspetto materiale. E tuttavia l'aspetto importante del regalare è quello ideale, e in particolare l'attenzione implicita nel donare qualcosa a qualcuno. In età moderna sembra essersi sviluppata una certa tragedia del regalo: quanto minori sono i mezzi materiali sufficienti per comprare i regali, tanto maggiore è il valore che si attribuisce loro. Ma in una condizione di inflazione di regali, quando tutto è superfluo, ogni singolo dono perde il suo valore e il lato ideale torna ad avere un significato.

Sia dal punto di vista materiale che da quello ideale, non dimenticate che, oltre ogni regalo per gli altri, c'è chi gli sta vicino, cioè voi stessi. I regali procurano l'amicizia e questo vale anche nei confronti di se stessi. Una serata al cinema, una bella cena, la musica preferita, un'ora di ozio solo per noi... anche rispetto a noi stessi i regali migliori sono sempre quelli più modesti e, soprattutto, quelli che permettono di prestarci un po' di attenzione e, a volte, di essere indulgenti verso noi stessi. Sì, in questi casi basta lodarsi per aver fatto qualcosa, oppure per non averla fatta, cioè per aver seguito la propria riflessione critica, e lodarsi ancora di più per averlo fatto quando gli altri ci biasimavano. Farsi del bene per compensare le fatiche, per pura simpatia verso noi stessi. Ma non troppo e non troppo spesso, per evitare che il regalo perda il suo valore.

96. Lo scopo del Natale.

Jingle bells, jingle bells! Devo decidermi. Conformarmi agli altri, mettere su un albero profumato palline colorate, un puntale argentato e luci artificiali, o rifugiarmi in un angolo liberato dal Natale? L'uomo moderno non è più obbligato a osservare le norme che lo impongono; si subisce soltanto la pressione di chi spera di guadagnarci qualcosa. Al giorno d'oggi nessuno può più contestare il fatto che il Natale non sia un obbligo, ma una possibilità. Così sono quantomeno obbligato a scegliere.

Scegliere? Chi ha dei figli piccoli non ha alcuna scelta, perché bisogna garantire loro il programma completo. Ci sono buone ragioni per farlo, e non certo i regali. Si tratta piuttosto di fare in modo che acquisiscano inconsapevolmente un sapere circa il significato di un tempo ciclico, che è completamente diverso da quello lineare e progressivo che caratterizza il mondo degli adulti. Che cos'è propriamente il tempo? Nessuno lo sa. Chi è adulto crede che scorra in maniera inarrestabile e si getta senza riserve nel suo corso stressante. Garantire il Natale ai propri figli permette di tornare a fare esperienza di quanto il tempo ciclico sia salutare per l'essere umano.

Qual è lo scopo del Natale? La cosa più importante è il fatto che ritorna regolarmente, di anno in anno. In un mondo in cui tutto appare caduco e incerto, questa certezza è consolante. E questo a prescindere da ciò che il Natale può ancora significare: per qualcuno è la festa sacra della nascita di Gesù, per altri la festa mondiale della famiglia, fatta di regali e di pasti rituali, per molti altri entrambe le cose e per qualcuno soltanto un orrore. Ma per tutti si tratta di un momento già noto, su cui si può contare che ritorni.

Posso decidere liberamente di festeggiare, farlo con cura e con una dedizione simile a quella con cui adempio a un dovere che non ha più un senso. Ora sono io a dargliene consapevolmente uno: riempirmi gli occhi di tutto ciò che è bello e normalmente trascuro, aprirmi a qualcosa di altro, "oltrepassare", almeno solo nel pensiero e forse solo per un istante, la normalità, i limiti e la finitezza della mia vita. Poi, poco dopo, torna lo stress della quotidianità. Ma anche questo, non fa parte del tempo ciclico? *Jingle bells, jingle bells...*

97. Nostalgia del contatto

Quando siete stati toccati per l'ultima volta? Da chi? È stato bravo? Vi manca? Per molti è così. Molti avrebbero voglia di essere sfiorati, ma pochi intendono fare qualcosa perché accada. Trovarsi nell'oscurità, a lume di candela, risveglia un sentimento di intimità ed è difficile evitare il contatto. È giusto che questa "festa dell'amore" sia dedicata a voi, e da tutti i punti di vista possibili: fisico, psicologico, spirituale, metafisico. In queste occasioni è possibile sviluppare tutta un'arte del contatto: provocarlo artificialmente o fare in modo che avvenga spontaneamente, ma in maniera altrettanto intenzionale. Possiamo essere toccati anche dall'espressione di un volto, da una canzone che ascoltiamo, da una mano che ci sfiora, da un profumo piacevole o spiacevole che si diffonde nell'aria, dal gusto di un cibo. Possiamo essere toccati soprattutto da ciò che può essere colto dal nostro intuito e che non può essere sistematizzato e ordinato con facilità, come, invece, accade per i cinque sensi, e della cui esistenza tuttavia non possiamo dubitare.

È magico quel momento in cui chi tocca e chi viene toccato si fondono assieme in un'unità indifferenziata. Questo sembra essere il caso delle coccole: strofinare pelle su pelle, fondersi con qualcuno che si ama. Oltre l'aspetto fisico, in questi casi si dischiude lo spazio dell'anima. L'esperienza straordinaria del contatto tra anime è data da una relazione amorosa, sebbene anche l'amicizia consista in un contatto costante e reciproco tra anime.

Ancora più interessante è l'aspetto spirituale che entra in gioco nel contatto: essere toccati da un'idea, da un pensiero, da un sogno, da un'opinione, da una rappresentazione fantastica. Ogni lettura è espressione di un contatto spirituale, cosicché non ci tocca solo qualcosa di concreto, ma anche qualcosa di immateriale come ad esempio una storia inventata. Ci sono storie che parlano addirittura di possibili contatti oltre ogni limite, perfino oltre quello della finitezza. Che cosa accade quando "il cielo tocca la terra"? Questa è la forma di contatto che si può percepire a Natale, indipendentemente da quanto siamo religiosi. Questa percezione necessita soltanto di un senso per il contatto metafisico. E della disponibilità a farsi toccare su tutti piani.

98. Il senso di andare in slitta

E finalmente saliamo sulla nostra slitta, *yahoo!* È il bambino che si trova in ogni essere umano a gioire.

Già da piccolo ero fermamente convinto che il buon Dio avesse creato la neve solo per permettere ai bambini di tutto il mondo di andare in slitta. Oggi penso che l'ha fatto anche per gli adulti. Via! Che bello risalire questa china tutta infarinata! E poi mettersi sulla slitta: questo è il momento in cui i miei pensieri iniziano a vagare. Si fissano poi su Sisifo, quello che spingeva un masso fino alla cima di un monte, condannato a vederlo rotolare giù a valle.

La verità di cui nessuno ha mai fatto parola, però, è che Sisifo adorava la slitta. Certo, forse amava anche sciare, ma questa disciplina non era abbastanza arcaica e gli sciatori non hanno molta voglia di trascinare i loro strumenti sempre di nuovo in cima; infatti hanno inventato gli ski-lift! Sisifo è figlio di un tempo antico. La pietra che spinge su per il monte è in verità la slitta che lui stesso portava fin su solo per mettercisi sopra e ridiscendere. E così sempre di nuovo. E come ogni amante della slitta non pensava minimamente ai motivi di questo strano comportamento.

C'è un Sisifo in tutti quelli che vanno in slitta: non ci sono bambini che disprezzano la fatica di riportare sempre di nuovo la loro slitta in cima al monte per scendere di nuovo. Non c'è nessun Gameboy o gioco di computer che rappresenti questo gesto. E anche negli adulti le cose restano sempre le stesse, tanto che sono possibili combinazioni di ogni tipo: padre e figlio, madre e figlia, da soli o in coppia, seduti o sdraiati, guardando avanti o girati all'indietro.

Questo gesto fa tutt'uno con la sua comicità, mentre, da un altro punto di vista, è tragico. Qual è il senso della vita? Sisifo lo ha espresso nel modo migliore possibile continuando a spingere instancabilmente il suo masso perché rotolasse sempre di nuovo. Ma è possibile che il senso della vita sia espresso proprio da un gesto così inutile? Certo! Come diceva Albert Camus, bisogna pensare a Sisifo come a un uomo felice. Ma questo è possibile solo presupponendo che il suo masso sia una slitta. Altrimenti si perde il piacere della discesa.

99. Tra un anno e l'altro

Sullo sfondo il rumore dei botti, seguiti da sprazzi di luce nel cielo notturno. Sono andato fuori città: dall'esterno è possibile guardare meglio alla propria vita. Mi siedo da qualche parte in un caffè e lascio passare di fronte ai miei occhi l'anno appena trascorso, come se sfogliassi una rivista, giorno per giorno, con l'agenda a sostegno della mia memoria. Vorrei ricordarmi di tutto ancora una volta prima che scompaia nella nebbia del passato.

Il momento più significativo dell'anno è costituito da questi giorni del "non più" e del "non ancora", da questa condizione che oscilla "tra gli anni". Si risvegliano i ricordi: rivedo il volto delle persone con cui ho parlato. Mi siedo come se fossi in treno e ripercorro il viaggio ancora una volta. Mi metto piacevolmente comodo e consumo un'ottima cena. E non appena mi viene in mente una delle situazioni pericolose che ho affrontato sento ancora un fremito nelle ossa. Con il senno di poi posso valutare meglio alcuni incontri che ho fatto e solo ora riesco imparare da alcune esperienze vissute nel corso di questo anno.

Così me ne riapproprio senza dimenticare nulla, senza che nulla mi sia indifferente. All'improvviso tutti i giorni felici, infelici, piacevoli, sofferti e superati si fondono in un'unità senza che nulla possa esserne escluso. Intanto cala la notte. Ci sono piccole lanterne a gettare luce qua e là. Mi metto in cammino per la campagna a esplorare lo spazio del nuovo anno. Passeggio lungo il lago, guardo la superficie dell'acqua e la battigia che traluce nel buio. Espongo il mio naso al vento freddo, preparandomi a ciò che sta arrivando. Ho sempre avuto paura del nuovo anno perché l'unica cosa certa è che porterà sorprese inimmaginabili. E voglio rendermi più forte per affrontare tutto ciò che rivela. Mentre al ristorante aspetto quello che ho ordinato, attraverso con il pensiero l'anno che sta arrivando, mi annoto ciò a cui dovrò pensare, le date dei compleanni da non dimenticare, gli appuntamenti da non mancare, i lavori da portare a termine e la fatica che mi richiederanno. Finalmente tutto quello che prima era opaco trova i suoi contorni. Mi sento forte. Respiro ancora una volta profondamente. E via.

100. In bocca al lupo

In bocca al lupo per il nuovo anno. Anche se quest'espressione non è particolarmente originale, anzi è proprio standard. Sarebbe bello sapere con maggiore precisione che cosa debba essere la fortuna e la felicità che vi sto augurando. Già: di per sé fortuna e felicità non significano niente, o meglio, possono significare cose molto diverse.

Dunque, innanzitutto spero che possiate godere dei favori del caso. È un puro caso che le cose vadano così e non altrimenti, ma nessuno sa perché. Eppure si deve anche ammettere che tutto sembra sempre ordinato secondo un piano. I casi conoscono una regolarità sorprendente, felici o infelici che siano. Possiamo influenzarlo? Quello che sicuramente si può fare è preparare l'atteggiamento in cui ingabbiare le contingenze. È necessaria un po' di pazienza, la capacità di aspettare, di accettare le cose così come sono, senza smarrire un atteggiamento vigile e pronto a riconoscere e cogliere il momento giusto.

Vi auguro, poi, la fortuna della felicità. È l'unica cosa che sembra richiedere fatica e concede momenti per i quali vale la pena vivere; è possibile trovarne quasi ogni giorno. È possibile godersi al massimo questa felicità non appena è stato superato un momento difficile. Non bisogna mai disprezzare questo tipo di benessere, ma è importante evitare di confonderlo con la vita nella sua interezza. Per evitare di restare delusi quando non tutto appare bello e piacevole è importante tenere sempre a mente che ci saranno momenti diversi.

Per questo vi auguro anche la fortuna e la felicità che derivano dalla pienezza. Che non consiste nel realizzare tutti i vostri desideri, ma piuttosto nella pienezza complessiva che non può essere ottenuta in ogni momento ma solo attraverso la vita nel suo insieme: non esiste solo quella felicità che deriva dal sentirsi bene, ma anche quella che, almeno in casi estremi, comprende l'infelicità. La vita è pure questo. Questa felicità della pienezza implica un atteggiamento assunto consapevolmente e dunque quel tipo di felicità peculiare della filosofia. Questa felicità è l'unica che può durare perché non si oppone a nulla.

Per questo vi auguro tutti e tre questi tipi di fortuna e di felicità. Così le cose non potranno andarvi male. Va bene?

Indice

Mondi invernali: il senso di andare in slitta

DELLO STESSO AUTORE

Wilhelm Schmid

L'amicizia per se stessi

Cura di sé e arte di vivere

CAMPO DEI FIORI
collana diretta da Vito Mancuso e Elido Fazi

Recuperando la tradizione dell'*ars vivendi* – da Platone a Montaigne – Schmid suggerisce un percorso che tiene presente tutti gli aspetti e i paradossi dell'individuo nella modernità: le sue abitudini, le sue paure, i suoi vizi, i suoi sentimenti.

COLLANA CAMPO DEI FIORI

In principio era la pasta al tonno…

Parte da qui Isabella Pedicini per le sue *Ricette umorali*, un compendio gastrofilosofico in cui i pensieri si mescolano agli ingredienti dei piatti da preparare. Da spaesata studentessa fuorisede, a furia di cucinare per sé e per altri, la protagonista di questa singolare raccolta di ricette si troverà ad affrontare con sempre maggiore consapevolezza cene elaborate così come questioni di cruciale importanza: «Ti ha baciata?» «Ha pagato lui la cena?», magari davanti a una tisana fumante, alle tre di notte, con le coinquiline calate in improbabili pigiami…

Finito di stampare
nel mese di ottobre 2012
da Grafica Veneta SpA
Trebaseleghe (Padova)
per conto di
Fazi Editore